2018年度全国会计专业技术资格考试一本通
中级会计资格

财务管理

恒企教育产品技术中心专业研发部　编

中国商业出版社

图书在版编目（CIP）数据

2018年度全国会计专业技术资格考试一本通．中级会计资格．财务管理 / 恒企教育产品技术中心专业研发部编．— 北京：中国商业出版社，2018.4

（考霸魔方系列丛书）

ISBN 978-7-5208-0320-5

Ⅰ．①2… Ⅱ．①恒… Ⅲ．①财务管理—资格考试—自学参考资料 Ⅳ．①F23

中国版本图书馆CIP数据核字(2018)第075206号

责任编辑：唐伟荣

中国商业出版社出版发行

010-63180647　www.c-cbook.com

(100053　北京广安门内报国寺1号)

新华书店经销

广州市丰秀印务有限公司印刷

*

787×1092毫米　1/16　12.75印张　250千字

2018年5月第1版　2018年5月第1次印刷

定价：59.00元

* * * *

（如有印装质量问题可更换）

教材编写及使用说明

使用说明

考霸魔方系列丛书——中级会计资格考试一本通，由恒企教育产品技术中心下属的专业研发部组织多位长期担任中级会计资格考试培训项目的资深老师和研究员编写，并获得了多位业界名师的指导，使得此书得以顺利出版，与各位见面。本书使用恒企教育考霸魔方理论，对官方教材内容的重要考点进行筛选和提炼，做到聚焦，并在考点内容的呈现方式上做到精炼、易懂、丰富多样。希望能帮助广大考生高效地掌握知识，通过考试。

本套辅导教材有《中级会计实务》、《财务管理》和《经济法》三册，内容紧扣最新考试大纲，知识结构明确，理解难度适中，同时搭配独创的在线学习联动模块，让每一位考生都拥有专属的学习方案，为考生通关护航。

本套辅导教材配有独创性和定制化的学习体系（使用方法的视频解说请扫描本页右上角二维码）。具体介绍如下：

1. 基于"测评"的定制化学习方案

考生可扫描封底二维码关注微信公众号"恒企图书"，输入对应图书激活码进行注册登录，即可开始"前置测评"。系统会根据测评结果为考生定制专属的"学习方案"，并给出第一阶段的学习调整方案，考生可根据"学习方案"展开阶段性的学习。

每个阶段的学习，会按照"学习方案"对考生进行线上"检测"。当考生完成本阶段的学习后，会对考生进行"阶段测评"，以考察考生的学习程度，真正做到"发现问题并及时解决问题，绝不把问题带到今后的学习当中"。同时系统也会根据测评结果给出下一阶段的学习调整方案。

当考生完成辅导教材主体内容的学习之后，将对考生的学习成果进行线上"诊断"，最终会给出系统、全面的诊断结果，并针对其不足之处推荐相对应的"学习药方"。

2. 思维导图

本套辅导教材的"思维导图"不同于其他辅导教材仅提供给考生单调的知识架构图，而是通过线上呈现本书的知识框架，引导考生在学习过程中对"通关宝典"的内容进行梳理，并将其中重要的知识内容留空，供考生根据自己的理解去填写。这种方法可使考生对章节的知识内容和架构之间的联系进行更深层次的记忆和掌握，达到事半功倍的学习效果。考生可扫描本书各个章节标题旁边的二维码进入线上系统，点击"填空版"进行自我测试；点击"完整版"查看解析，展开自主化学习。

3. 通关宝典

"通关宝典"是对知识点和考点的精准梳理，是本套辅导教材的知识内容主体，与线上"学习方案"的课程章节和相关测评紧密联系。

（1）为了让考生更直观地了解"通关宝典"中的知识点在考试中的重要性，知识点序号前会标有★来表示其重要程度。

★★★表示该知识点非常重要，在考试中出现频率很高，需要考生着重学习理解。

★★表示该知识点较为重要，在考试中出现频率较高，或者是考试大纲中要求掌握的知识点。

★表示该知识点一般重要，是考试大纲中要求熟悉的知识点。

没有★表示在考试中出现频率较少，是考试大纲中仅要求了解的知识点。

（2）为了让考生更直观地了解"通关宝典"中的知识点对应的重点部分，采取一套颜色符号体系来表示。

专色＋加粗＋双划线：主关键词

黑色＋加粗：次关键词

黑色＋单划线：次次关键词

黑色＋双划线：分点列举时的次关键词

专色＋下划线：分点列举时的次次关键词

着重号：举例说明

表中符号使用同上，但具体操作比较灵活。

所有的考点视其在考试中的重要性会配有相应部分试题，供考生边学边练，深入掌握知识点。部分疑难重点内容附有相应的课程视频二维码，考生扫描二维码即可直接观看对应知识点的视频课程，使考生更为直观地学习和理解。部分知识点亦配有记忆方法，方便考生理解和记忆。本套辅导教材中会有【总结】、【易混点】、【注意】、【对比】、【小剧场】等提示板块标注，以进一步提高考生的学习效率。

4. 考霸手稿

"考霸手稿"是与考霸真实接触的模块。此模块是对历年真题进行系统全面的剖析，并整理相应的应试技巧及考试经验分享给考生，便于考生掌握解题思路，增强考生的应试能力。此外，"考霸手稿"也配有试题的解题思路和步骤的详细说明，供考生参考学习。

5. 模拟试卷

在考生完成对"通关宝典"和"考霸手稿"的学习之后，本套辅导教材根据考试大纲中的考点甄选试题，还配备了一套纸质"模拟试卷"。"模拟试卷"用来考核考生对本套辅导教材中所述内容及解题技巧的掌握和运用程度，答案解析需要考生扫描对应二维码进行查看。

本套辅导教材的编写组本着严谨认真、精益求精的态度进行编写，但由于时间有限，书中难免出现错漏与不足，恳请广大读者批评指正！联系方式010－52479895。

目录

第一模块　通关宝典	1

第一阶段学习方案	1
第一阶段通关宝典	3

第一章　总论 … 3
　　第一节　企业与企业财务管理 … 3
　　第二节　财务管理目标 … 5
　　第三节　财务管理环节 … 8
　　第四节　财务管理体制 … 9
　　第五节　财务管理环境 … 11

第二章　财务管理基础 … 15
　　第一节　货币时间价值 … 15
　　第二节　风险与收益 … 21
　　第三节　成本性态分析 … 28

第三章　预算管理 … 32
　　第一节　预算管理概述 … 32
　　第二节　预算的编制方法与程序 … 35
　　第三节　预算编制 … 39
　　第四节　预算的执行与考核 … 44

第二阶段学习方案	46
第二阶段通关宝典	48

第四章　筹资管理（上） … 48
　　第一节　筹资管理概述 … 48
　　第二节　债务筹资 … 51
　　第三节　股权筹资 … 55
　　第四节　衍生工具筹资 … 60

第五章　筹资管理（下） ... 63
第一节　资金需要量预测 ... 63
第二节　资本成本 ... 65
第三节　杠杆效应 ... 68
第四节　资本结构 ... 70

第六章　投资管理 ... 73
第一节　投资管理概述 ... 73
第二节　投资项目财务评价指标 ... 74
第三节　项目投资管理 ... 80
第四节　证券投资管理 ... 84

第三阶段学习方案 ... 89
第三阶段通关宝典 ... 91

第七章　营运资金管理 ... 91
第一节　营运资金管理的主要内容 ... 91
第二节　现金管理 ... 94
第三节　应收账款管理 ... 99
第四节　存货管理 ... 103
第五节　流动负债管理 ... 109

第八章　成本管理 ... 114
第一节　成本管理概述 ... 114
第二节　量本利分析与应用 ... 115
第三节　标准成本控制与分析 ... 123
第四节　作业成本与责任成本 ... 128

第四阶段学习方案 ... 136
第四阶段通关宝典 ... 138

第九章　收入与分配管理 ... 138
第一节　收入与分配管理的主要内容 ... 138
第二节　收入管理 ... 140
第三节　纳税管理 ... 145
第四节　分配管理 ... 146

第十章 财务分析与评价 155
- 第一节 财务分析与评价的主要内容与方法 155
- 第二节 基本的财务报表分析 157
- 第三节 上市公司财务分析 165
- 第四节 财务评价与考核 167

第二模块 考霸手稿 171

第三模块 应试技巧 187

第四模块 模拟试卷 188

第一模块　通关宝典

前置测评

第一阶段学习方案

学习方案一（90模块过单科）

学习方案一				
阶段—模块	学习、复习内容	检测	完成日期	定制调整内容
1-1	学习第一章第一节	-		
1-2	学习第一章第二节	-		
1-3	学习第一章第三节	-		
1-4	学习第一章第四节	-		
1-5	学习第一章第五节	-		
1-6	学习第一章第五节 复习第一章	检测1-1		
1-7	学习第二章第一节	-		
1-8	学习第二章第一节	-		
1-9	学习第二章第二节	-		
1-10	学习第二章第二节	-		
1-11	学习第二章第三节	-		
1-12	学习第二章第三节	-		
1-13	学习第二章第三节 复习第一、第二章	检测1-2		
1-14	学习第三章第一节	-		
1-15	学习第三章第一节	-		
1-16	学习第三章第二节	-		
1-17	学习第三章第二节	-		
1-18	学习第三章第二节	-		
1-19	学习第三章第三节	-		
1-20	学习第三章第三节	-		
1-21	学习第三章第三节	-		
1-22	学习第三章第四节	-		
1-23	学习第三章第四节	-		
1-24	学习第三章第四节 复习第一至第三章	阶段1测评		

[1]

学习方案二（60 模块过单科）

学习方案二				
阶段—模块	学习、复习内容	检测	完成日期	定制调整内容
1-1	学习第一章第一节	—		
1-2	学习第一章第二、第三节	—		
1-3	学习第一章第四节	—		
1-4	学习第一章第五节 复习第一章	检测 1-1		
1-5	学习第二章第一节	—		
1-6	学习第二章第一节	—		
1-7	学习第二章第二节	—		
1-8	学习第二章第二节	—		
1-9	学习第二章第三节 复习第一、第二章	检测 1-2		
1-10	学习第三章第一节	—		
1-11	学习第三章第二节	—		
1-12	学习第三章第三节	—		
1-13	学习第三章第三节	—		
1-14	学习第三章第三节	—		
1-15	学习第三章第四节 复习第一至第三章	阶段 1 测评		

学习方案三（30 模块过单科）

学习方案三				
阶段—模块	学习、复习内容	检测	完成日期	定制调整内容
1-1	学习第一章第一、第二节	—		
1-2	学习第一章第三、第四节	—		
1-3	学习第一章第五节 复习第一章	检测 1-1		
1-4	学习第二章第一节	—		
1-5	学习第二章第二节	—		
1-6	学习第二章第二、第三节 复习第一、第二章	检测 1-2		
1-7	学习第三章第一、第二节	—		
1-8	学习第三章第三节	—		
1-9	学习第三章第三、第四节，复习第一至第三章	阶段 1 测评		

第一阶段通关宝典

第一章　总论

本章考情分析

思维导图

本章为非重点章，不用花过多时间在本章。本章主要介绍企业的组织形式，财务管理的内容、目标、环节、体制以及环境等基本理论。

本章题型为客观题，平均分值在 2~4 分左右。

年份 题型	2014 年		2015 年		2016 年		2017 年卷一		2017 年卷二	
	题量	分值	题量	分值	题量	分值	题量	分值	题量	分值
单选题	1	1	-	-	1	1	2	2	2	2
多选题	1	2	1	2	-	-	-	-	-	-
判断题	1	1	1	1	2	2	1	1	-	-
计算题	-	-	-	-	-	-	-	-	-	-
综合题	-	-	-	-	-	-	-	-	-	-
合计	-	4	-	3	-	3	-	3	-	2

第一节　企业与企业财务管理

一、企业的组织形式

★考点 1. 企业的组织形式与特点（2018 年变动）

组织形式	基本法律特征
个人独资企业	**优点**：<u>创立容易</u>、<u>经营管理灵活自由</u>、<u>不缴纳企业所得税</u>（缴纳个人所得税） **缺点**：（1）业主对企业债务承担<u>无限责任</u>；（2）难以获得<u>融资</u>；（3）难以转移<u>企业所有权</u>；（4）<u>业主死亡</u>，企业自动消亡

续表

组织形式		基本法律特征
合伙企业（与个人独资企业优缺点类似）	普通合伙企业（普通合伙人）	(1) 普通合伙人承担<u>无限连带责任</u> (2) 国有独资、国有企业、上市公司以及公益类单位<u>不能成为普通合伙人</u> (3) 一个或几个合伙人<u>故意或重大过失</u>造成合伙企业债务的，承担无限责任或连带责任，其他合伙人以其财产份额为限承担责任 (4) <u>非故意或重大过失</u>造成合伙企业债务的，由全体合伙人承担无限连带责任
	有限合伙企业（普通合伙人+有限合伙人）	(1) 有限合伙人只以其认缴的<u>出资额</u>为限对外承担责任 (2) <u>至少要有一个普通合伙人</u> (3) 有限合伙人<u>不能执行合伙事务</u>，<u>不得对外代表</u>有限合伙企业（如不可以代表企业去签订合同）
公司制企业		(1) 分为<u>有限责任公司</u>（国有独资公司是一种特殊形式的有限责任公司）和<u>股份有限公司</u>两种 (2) 有限责任公司股东人数为1～50人；股份制公司股东人数为2～200人
		关于国有独资公司： (1) 国有独资公司是国家单独出资，由<u>国有资产监督管理机构</u>（它代表了国家）履行出资人职责，它也负责制定公司章程 (2) 国有独资公司<u>不设股东会</u>，由<u>国有资产监督管理机构</u>行使股东会职权

【例1·多选】下列关于企业组织形式的特点说法错误的有（　　）。

A. 国有独资公司、国有企业、上市公司与公益机构都不能成为普通合伙人
B. 所有普通合伙人任何情形下都承担无限责任或无限连带责任
C. 合伙协议中可以约定，由普通合伙人或有限合伙人对外代表合伙企业
D. 国有独资公司的权力机构是股东会

【答案】BCD

【解析】选项B错误，根据规定一个或几个合伙人故意或重大过失造成合伙企业债务的，承担无限责任或连带责任，其他合伙人以其财产份额为限承担责任。选项C不符合规定，合伙协议不可以约定有限合伙人对外代表合伙企业。选项D错误，国有独资公司不设股东会，由国有资产监督管理机构行使股东会职权。

★★★**考点2. 公司制企业的优缺点**

（1）优点

容易转让<u>所有权</u>；有限<u>债务责任</u>；无限<u>存续</u>；<u>融资渠道较多</u>。

（2）缺点

<u>组建成本</u>高；存在<u>代理问题</u>；<u>双重课税</u>。

【例2·单选】某上市公司职业经理人在任职期间不断提高在职消费，损害股东利益。这一现象所揭示的公司制企业的缺点主要是（　　）。（2016年）

A. 产权问题　　　　　　　　　　　B. 激励问题
C. 代理问题　　　　　　　　　　　D. 责任分配问题

【答案】C

【解析】公司制企业的缺点包括：（1）组建公司的成本高；（2）存在代理问题；（3）双重课税。代理问题指的是所有者和经营者分开后，所有者成为委托人，经营者成为代理人，代理人可能为了自身利益而伤害委托人利益。

【例3·判断】不论是公司制企业还是合伙制企业，股东或合伙人都面临双重课税问题，即在缴纳企业所得税后，还要缴纳个人所得税。（　　）（2016年）

【答案】×

【解析】公司作为独立的法人，其利润需缴纳企业所得税，企业税后利润分配给股东后，股东还需缴纳个人所得税，所以会面临双重课税问题。合伙制企业不需要缴纳企业所得税，其合伙人只需要缴纳个人所得税，所以不会面临双重课税问题。

【例4·单选】与普通合伙制企业相比，下列各项中，属于公司制企业特点的是（　　）。（2017年）

A. 设立时股东人数不受限制　　B. 有限债务责任
C. 组建成本低　　D. 有限存续期

【答案】B

【解析】公司制企业的优点之一是有限债务责任。公司债务是法人的债务，不是所有者的债务。所有者对公司承担的责任以其出资额为限。当公司资产不足以偿还其所欠债务时，股东无须承担连带清偿责任。所以，选项B是正确答案。

二、企业财务管理的内容

考点1. 企业财务管理的内容

公司的基本活动可以分为**投资管理**、**筹资管理**、**营运资金管理**、**成本管理**和**收入与分配管理**五个方面。

第二节　财务管理目标

一、企业财务管理目标理论

★★★**考点1. 企业财务管理目标理论**

目标	优缺点
利润最大化	缺点： （1）没有考虑利润实现时间和资金时间价值 （2）没有考虑风险问题 （3）没有反映创造的利润与投入资本之间的关系 （4）可能导致企业短期财务决策倾向，影响企业长远发展

续表

目标	优缺点
股东财富最大化	优点： (1) 考虑了风险因素 (2) 在一定程度上能避免企业追求短期行为 (3) 股东财富最大化目标比较容易量化，便于考核和奖惩 缺点： (1) 通常只适用于上市公司 (2) 股价受众多因素的影响，有些还可能是非正常因素。股价不能完全准确反映企业财务管理状况 (3) 强调的更多是股东利益，而对其他相关者的利益重视不够
企业价值最大化	优点： (1) 考虑了取得报酬的时间，并用时间价值的原理进行了计量 (2) 考虑了风险与报酬的关系 (3) 能克服企业在追求利润上的短期行为 (4) 用价值代替价格，克服了过多受外界市场因素的干扰，有效地规避了企业的短期行为 缺点： (1) 过于理论化，不易操作 (2) 对于非上市公司而言，只有对企业进行专门的评估才能确定其价值。而在评估企业的资产时，很难做到客观和准确
相关者利益最大化	优点： (1) 有利于企业长期稳定发展 (2) 体现了合作共赢的价值理念，有利于实现企业经济效益和社会效益的统一 (3) 这一目标本身是一个多元化、多层次的目标体系，较好地兼顾了各利益主体的利益 (4) 体现了前瞻性和现实性的统一

【注意1】相关者利益最大化强调股东的首要地位，并强调企业与股东之间的协调关系。

【注意2】利润最大化、股东财富最大化、企业价值最大化以及相关者利益最大化等各种财务管理目标，都是以股东财富最大化为基础。

【例1·判断】相关者利益最大化作为财务管理目标，体现了合作共赢的价值理念。（　　）（2017年）

【答案】√

【解析】相关者利益最大化作为财务管理目标，具有以下优点：(1) 有利于企业长期稳定发展；(2) 体现了合作共赢的价值理念，有利于实现企业经济效益和社会效益的统一；(3) 这一目标本身是一个多元化、多层次的目标体系，较好地兼顾了各利益主体的利益；(4) 体现了前瞻性和现实性的统一。

【例2·单选】下列有关企业财务管理目标的表述中，错误的是（　　）。（2017年）

A. 企业价值最大化目标弥补了股东财富最大化目标过于强调股东利益的不足

B. 相关者利益最大化目标认为应当将除股东之外的其他利益相关者置于首要地位

C. 利润最大化目标要求企业提高资源配置效率

D. 股东财富最大化目标比较适用于上市公司

【答案】B

【解析】相关者利益最大化目标,强调股东的首要地位,并强调其企业与股东之间的协调关系。所以选项B的说法不正确。

【例3·判断】企业财务管理的目标理论包括利润最大化、股东财富最大化、公司价值最大化和相关者利益最大化等理论,其中,公司价值最大化、股东财富最大化和相关者利益最大化都是以利润最大化为基础的。( )(2015年)

【答案】×

【解析】利润最大化、股东财富最大化、企业价值最大化以及相关者利益最大化等各种财务管理目标,都是以股东财富最大化为基础的。

二、利益冲突与协调

★★★考点1. 利益冲突与协调

利益冲突	协调方式
所有者 VS 经营者	(1) 解聘:通过所有者约束经营者(经营不好就要被炒) (2) 接收:通过市场约束经营者(经营不好,企业也可能被收购,敬业者也会失业) (3) 激励:将经营者的报酬与绩效直接挂钩,如授予股票期权或绩效股
所有者 VS 债权人	(1) 限制性借债:债权人事先规定借用用途、担保条款和信用条件 (2) 债权人发现企业有侵蚀其债权价值的意图时,收回债权或不再给予新借款,从而保护自身权益

【注意】所有者通常指股东。

【例4·多选】公司制企业可能存在经营者和股东之间的利益冲突,解决这一冲突的方式有( )。(2015年)

A. 解聘　　　　　　　　　B. 接收
C. 收回借款　　　　　　　D. 授予股票期权

【答案】ABD

【解析】协调所有者与经营者利益冲突的方式包括:解聘、接收和激励,其中激励分为股票期权和绩效股两种,所以本题的正确选项是ABD。选项C属于解决债权人和股东之间的利益冲突的方式。

三、企业的社会责任

★★考点1. 企业的社会责任

(1) 企业的社会责任的含义
指企业在谋求所有者或股东权益最大化之外所负有的维护和增进社会利益的义务。

(2) 企业的社会责任的具体内容
①对员工的责任。
②对债权人的责任。
③对消费者的责任。

④对社会公益的责任。
⑤对环境和资源的责任。
⑥遵从政府的管理、接受政府的监督。

【例5·判断】企业的社会责任是企业在谋求所有者权益最大化之外所承担的维护和增进社会利益的义务，一般划分为企业对社会公益的责任和对债权人的责任两大类。（ ）（2014年）

【答案】×

【解析】企业的社会责任是指企业在谋求所有者或股东权益最大化之外所负有的维护和增进社会利益的义务。具体来说，企业的社会责任主要包括：对员工的责任、对债权人的责任、对消费者的责任、对社会公益的责任、对环境和资源的责任，此外，企业还有义务和责任遵从政府的管理、接受政府的监督。

第三节　财务管理环节

考点1. 财务管理环节

计划与预算	财务预测	方法主要有<u>定性预测</u>和<u>定量预测</u>
	财务计划	根据企业整体战略目标和规划，结合财务预测的结果，对财务活动进行<u>规划</u>，并以指标形式<u>落实</u>到每一计划期间的过程
	财务预算	财务战略的<u>具体化</u>，是财务计划的<u>分解</u>和<u>落实</u>
决策与控制	财务决策	财务管理的<u>核心</u>，决策成功与否直接关系到企业的兴衰成败
	财务控制	方法通常有<u>前馈控制</u>、<u>过程控制</u>、<u>反馈控制</u>几种。财务控制措施一般包括：预算控制、运营分析控制和绩效考评控制等
分析与考核	财务分析	方法通常有<u>比较分析</u>、<u>比率分析</u>、<u>因素分析</u>
	财务考核	将报告期实际完成数与规定的考核指标进行对比，确定有关责任单位和个人完成任务的过程
内部控制	五要素	<u>内部环境</u>、<u>风险评估</u>、<u>控制活动</u>、<u>信息与沟通</u>和<u>内部监督</u>
	五原则	<u>全面性</u>、<u>重要性</u>、<u>制衡性</u>、<u>适应性</u>和<u>成本效益</u>
	五目标	合理保证企业经营管理<u>合法合规</u>、<u>资产安全</u>、<u>财务报告及相关信息真实完整</u>，提高<u>经营效率</u>和<u>效果</u>，促进<u>企业实现发展战略</u>

第四节　财务管理体制

一、企业财务管理体制的一般模式及优缺点

★**考点1. 企业财务管理体制的一般模式**

（1）集权型的优缺点

优点	①展现**一体化**管理的优势，努力**降低资金成本**和**风险损失**，使决策统一化、制度化，贯彻实施企业发展战略和经营目标 ②有利于**聚合资源优势**，在整个企业内部优化配置资源、实行内部调拨价格、在内部采取避税措施及防范汇率风险等——**资源利用效率较高**
缺点	①集权过度会使各所属单位或组织机构的**主动性、积极性、创造性**与**应变能力**被**削弱** ②**决策效率低下** ③对企业高管人员的**素质能力要求较高** ④产生**信息传递及过程控制**的**相关成本**

【例1·单选】集权型财务管理体制可能导致的问题是（　　）。（2017年）

A. 利润分配无序　　　　　　　　B. 削弱所属单位主动性

C. 资金成本增大　　　　　　　　D. 资金管理分散

【答案】B

【解析】集权过度会使各所属单位或组织机构的主动性、积极性、创造性与应变能力被削弱。

（2）分权型的优缺点

优点	①<u>决策效率较高</u> ②<u>节约信息传递与过程控制</u>等的相关<u>成本</u> ③有利于<u>分散经营风险</u> ④有利于<u>促进所属单位管理人员和财务人员成长</u>
缺点	①各所属单位<u>缺乏全局观念</u>和<u>整体意识</u>，产生企业管理目标换位问题 ②<u>资源利用效率低下</u>

（3）集权与分权相结合型的特点

吸收了集权型和分权型财务管理体制**各自的优点**，**避免了**二者各自的缺点，从而具有较大的优越性。

二、影响企业财务管理体制集权与分权选择的因素

★**考点1. 集权与分权的选择依据**　（2018年变动）

选择依据	说明
企业所处生命周期	创始阶段企业<u>经营风险高</u>，宜偏重<u>集权</u>模式

续表

选择依据	说明
企业战略	对于实施纵向一体化战略的企业，适合采用<u>集权</u>模式
企业所处市场环境	市场环境<u>复杂多变</u>时，有较大不确定性，需要各级人员随机应变，适合采用<u>分权</u>模式
企业规模	<u>企业规模小</u>的，偏重于<u>集权</u>模式，反之则考虑<u>分权</u>模式
企业管理层素质	管理层<u>素质高</u>可以采用<u>集权</u>模式
信息网络系统	信息系统<u>及时准确传递信息</u>的，适合采用<u>集权</u>模式

【例2·判断】当企业实施纵向一体化战略时，要求所属单位保持密切的业务联系，各所属单位之间业务联系越密切，则需要在财务管理体制上采用分权的模式。（　　）

【答案】×

【解析】当企业实施纵向一体化战略时，要求所属单位保持密切的业务联系，各所属单位之间业务联系越密切，越有必要采用相对集中的财务管理体制。

三、企业财务管理体制的设计原则

★★★考点1. 企业财务管理体制的设计原则

原则	说明
与现代企业制度的要求相适应的原则	现代企业制度是一种<u>产权制度</u>，它是以产权为依托，对各种经济主体在产权关系中的权利、责任、义务进行合理有效的组织、调节与制度安排，它具有"产权清晰、责任明确、政企分开、管理科学"的特征
明确三权分立的原则	现代企业要做到管理科学，必须首先要求从决策与管理程序上做到科学、民主，因此<u>决策权、执行权与监督权三权分立</u>的制度必不可少
明确财务综合管理和分层管理思想的原则	现代企业制度要求管理是一种<u>综合管理、战略管理</u>
与企业组织体制相适应的原则	（1）U型组织——职能化管理为核心，在管理分工下实行<u>集权控制</u> （2）H型组织——集团总公司对子公司控股，<u>过度分权</u>，子公司保持较大独立性 （3）M型组织——比H型组织集权程度更高

【注意】现代意义上的H型组织既可以分权管理，也可以集权管理。

【例3·单选】U型组织是以职能化管理为核心的一种最基本的企业组织结构，其典型特征是（　　）。（2014年）

A. 集权控制　　　　B. 分权控制　　　　C. 多元控制　　　　D. 分层控制

【答案】A

【解析】U型组织是最基本的组织结构形式。以职能化管理为核心，最典型的特征是在管理分工下实行集权控制，没有中间管理层，总部直接控制各业务单元，子公司自主权较小。所以，选项A正确。

【例4·判断】由于控股公司组织（H型组织）的母、子公司均为独立的法人，是典型的分权组织，因而不能进行集权管理。（　　）（2013年）

【答案】×

【解析】随着企业管理实践的深入，H 型组织的财务管理体制也在不断演化。总部作为子公司的出资人对子公司的重大事项拥有最后的决定权，因此，也就拥有了对子公司"集权"的法律基础。现代意义上的 H 型组织既可以分权管理，也可以集权管理。

四、集权与分权相结合型财务管理体制的实践

★ **考点 1. 集权与分权相结合型财务管理体制的一般内容**

（1）核心内容

企业总部应做到<u>制度统一</u>、<u>资金集中</u>、<u>信息集成</u>和<u>人员委派</u>。

（2）具体内容

集权	分权
制度制定权，筹资、融资权，投资权，用资、担保权，固定资产购置权，财务机构设置权和收益分配权	经营自主权、人员管理权、业务定价权和费用开支审批权

【例 5·单选】某集团公司有 A、B 两个控股子公司，采用集权与分权相结合的财务管理体制，下列各项中，集团总部应当分权给子公司的是（ ）。（2012 年）

A. 担保权　　　　　　　　　B. 收益分配权

C. 投资权　　　　　　　　　D. 日常费用开支审批权

【答案】D

【解析】总结中国企业的实践，集权与分权相结合型财务管理体制的核心内容，是企业总部应做到制度统一、资金集中、信息集成和人员委派。具体应集中制度制定权，筹资、融资权，投资权，用资、担保权，固定资产购置权，财务机构设置权，收益分配权；分散经营自主权，人员管理权，业务定价权，费用开支审批权。所以本题正确答案为 D。

第五节　财务管理环境

一、技术环境

考点 1. 技术环境

<u>财务管理环境</u>是对企业财务活动和财务管理产生影响作用的企业内外各种条件的统称，主要包括：<u>技术环境</u>；<u>经济环境</u>（最重要）；<u>金融环境</u>；<u>法律环境</u>。

环境因素	主要构成内容	要点阐释
技术环境	财务管理得以实现的<u>技术手段</u>和<u>技术条件</u>	财务管理的技术环境决定着财务管理的<u>效率</u>和<u>效果</u>

二、经济环境

包括经济体制、经济周期、经济发展水平、宏观经济政策、通货膨胀水平等。

★★考点1. 通货膨胀对企业财务活动的影响

（1）引起资金占用的大量增加，从而增加企业的资金需求

（2）引起企业利润虚增，造成企业资金由于利润分配而流失

（3）引起利润上升，加大企业的权益资金成本

（4）引起有价证券价格下降，增加企业的筹资难度

（5）引起资金供应紧张，增加企业的筹资困难

【注意】应对通货膨胀的措施：投资；与客户签订长期购货合同；取得长期负债；采用比较严格的信用条件，减少企业债权；调整财务政策，防止和减少企业资本流失等。

【例1·单选】下列各项措施中，无助于企业应对通货膨胀的是（　　）。（2017年）

A. 发行固定利率债券

B. 以固定租金融资租入设备

C. 签订固定价格长期购货合同

D. 签订固定价格长期销货合同

【答案】D

【解析】选项A、B可以保持资本成本的稳定，并应对通货膨胀；选项C，签订固定价格长期购货合同，可以减少物价上涨造成的损失；签订固定价格的长期销货合同，会减少在通货膨胀时期的现金流入，所以选项D无助于应对通货膨胀。

三、金融环境

★★★考点1. 金融环境

（1）金融机构、金融工具和金融市场

环境因素	主要构成内容	要点阐释
金融环境 （流动性、风险性、收益性）	金融机构	银行和非银行金融机构
	金融工具	①分为基本金融工具和衍生金融工具两大类 ②常见的基本金融工具有货币、票据、债券、股票 ③衍生金融工具有各种远期合约、互换、掉期、资产支持证券
	金融市场	不仅为企业融资和投资提供了场所，而且还可以帮助企业实现长短期资金转换、引导资本流动，提高资金转移效率

(2) 金融市场的分类

标志	类别	含义
期限	货币市场（短期）	期限在1年以内（含1年）
	资本市场（长期）	期限在1年以上
功能	发行市场（一级）	处理金融工具的发行与最初购买者之间的交易
	流通市场（二级）	处理现有金融工具转让和变现的交易
融资对象	资本市场	以货币和资本为交易对象
	外汇市场	以各种外汇金融工具为交易对象
	黄金市场	黄金买卖和金币兑换
金融工具属性	基础性金融市场	以基础性金融产品为交易对象
	金融衍生品交易市场	以金融衍生品为交易对象
地理范围	地方性金融市场、全国性金融市场、国际性金融市场	

【例2·多选】下列各项中，属于衍生金融工具的有（　　）。
A. 股票　　　　　　　　　　B. 互换
C. 债券　　　　　　　　　　D. 掉期
【答案】BD
【解析】本题的主要考核点是金融工具的分类。衍生金融工具又称派生金融工具，是在基本金融工具的基础上通过特定技术设计形成新的融资工具，如各种远期合约、互换、掉期、资产支持证券等。选项AC属于基本金融工具。

【例3·判断】以融资对象为划分标准，可将金融市场分为资本市场、外汇市场和黄金市场。（　　）
【答案】√
【解析】以融资对象为标准，金融市场可分为资本市场、外汇市场和黄金市场。

(3) 货币市场 VS 资本市场

	货币市场（短期）	资本市场（长期）
特征	①期限短 ②交易目的是解决短期资金周转 ③金融工具有较强的"货币性"，流动性强、价格平稳、风险较小	①融资期限长 ②融资目的是解决长期投资性资本的需要 ③资本借贷量大 ④收益较高但风险也较大
构成	①拆借市场 ②票据市场 ③大额定期存单市场 ④短期债券市场（1年期以内的短期企业债和国债）	①债券市场 ②股票市场 ③融资租赁市场

【例4·多选】下列金融市场类型中，能够为企业提供中长期资金来源的有（　　）。（2014年）

A.拆借市场　　　　　　　　　　B.股票市场

C.融资租赁市场　　　　　　　　D.票据贴现市场

【答案】BC

【解析】资本市场又称长期金融市场，是指以期限在1年以上的金融工具为媒介，进行长期资金交易活动的市场，包括股票市场、债券市场和融资租赁市场等。选项BC能够为企业提供长期资金来源。

检测1-1

第二章 财务管理基础

本章考情分析
思维导图

本章为次重点章,主要介绍货币时间价值、风险与收益以及成本性态分析,是后续章节(如预算管理、筹资管理、投资管理、成本管理等)的基础知识,本章的计算需牢牢掌握。

本章有可能单独命题,也有可能与后续章节合并命题,各种题型均有可能出现,分值在6~8分左右。2017年本章单独出现一道完整的5分计算题,需引起高度重视。

年份 题型	2014年		2015年		2016年		2017年卷一		2017年卷二	
	题量	分值	题量	分值	题量	分值	题量	分值	题量	分值
单选题	2	2	2	2	3	3	2	2	2	2
多选题	2	4	1	2	1	2	1	2	1	2
判断题	1	1	1	1	1	1	1	1	1	1
计算题	—	—	—	—	—	—	1	5	—	—
综合题	—	—	1	2	—	—	1	2	—	—
合计	—	7	—	7	—	6	—	12	—	5

第一节 货币时间价值

一、货币时间价值的概念 (2018年变动)

★**考点1. 货币时间价值与纯利率的概念**

(1) 货币时间价值

货币时间价值是指没有风险和通货膨胀情况下,货币经历一定时间的投资和再投资所<u>增加的价值</u>。

(2) 纯利率

纯利率是指没有风险和通货膨胀情况下资金市场的平均收益率。

二、复利终值和现值

终值(F)	现在一定量的货币(按照某一收益率)折算到未来某一时点所对应的金额,如本利和。例如:今天的1 000元一年后价值为1 100元(F)
现值(P)	未来某一时点上一定量的货币(按照某一收益率)折算到现在所对应的金额,如本金。例如:1年后的1 000元,在今天的价值为950元(P)

【注意】现值和终值是货币在前后两个不同时点上对应的价值,其<u>差额</u>为货币的时间价值。另外,复利是指不仅对本金计算利息,还对利息计算利息的计息方式(利滚利)。

★ **考点1. 复利终值**

时间轴(第一年、第二年……第n年)

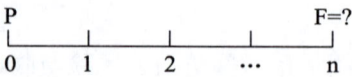

【例子】现在我们处于时间轴的"0"点上,则现在把1 000元(即现值P)存银行,假如年利率为5%,则:

一年后终值为:1 000×(1+5%)

两年后终值为:1 000×(1+5%)^2

n年后终值为:1 000×(1+5%)^n

可见复利终值的计算公式为 **F = P × (1 + i)^n**。为了简化计算,(1+i)^{n}被称作<u>复利终值系数</u>,用符号表示为 **(F/P, i, n)**,其数值在复利终值系数表中能查到,无须手动计算。

★ **考点2. 复利现值**

时间轴:我们还是处于时间轴的"0"点上,利率还是5%。

那么为了1年后获得1 000元的终值,现在我们要存入(现值):1 000÷(1+5%)

若2年后获得1 000元的终值,现在我们要存入(现值):1 000÷(1+5%)^2

所以n年后的终值1 000元,现值为1 000÷(1+5%)^n = 1 000×(1+5%)$^{-n}$

可见复利终值的计算公式为 P = F × (1 + i)$^{-n}$。为了简化计算,(1+i)$^{-n}$被称作<u>复利现值系数</u>,用符号表示为 **(P/F, i, n)**,其数值同样在复利现值系数表中能查到。

【注意1】所谓的现值或终值,其所处的时间点并不是固定的,都是相对而言的,取决于实际情况中时间点的选取。例如:

时间轴1: 假设此处 n = 5

时间轴2:

按上述例子,利率还是5%,P还是1 000

则时间轴1的终值F = P×(F/1 000, 5%, 5)

而时间轴2的终值F = P×(F/1 000, 5%, 2)

【注意2】对于复利现值或复利终值系数,包括后面学习各类年金现值、终值系数,其书写的规则都是(未知项/已知项,已知的利率,已知的期数)。

如上述例子,即复利终值系数为(F/P, i, n)。

系数符号书写正确很重要,一定要掌握系数书写方法,不要死记硬背每个系数的写法。

★ **考点 3. 年金的概念及类型**

年金概念	间隔期相等的系列等额收付款	注意,所谓的"年金"并不一定是"每年一次",可以每月一次、每个季度一次等。<u>其利率也需要相应地转换为对应期间的利率</u>
普通年金	又叫后付年金,期末收付	A A A A 0 1 2 3 4
预付年金	又叫先付年金,期初收付	A A A A 0 1 2 3 4
递延年金	递延期以后的时点开始的普通年金	A A A 0 1 2 3 4 5 6
永续年金	无限期收付(没有到期日)的年金,没有终值	A A A A …… 0 1 2 3 4 …… ∞

【注意】年金终值或现值,与上面所学的"复利终值或现值"的区别必须掌握,后者是某一时点"一笔过"的现金流求终值或现值,而年金是各个时点上等额的现金流求终值和现值。

【例子】(请在草稿纸上划时间轴以验证)

(1)张先生现在 30 岁,计划 60 岁退休时,能准备好 100 万元的退休金,若投资的某理财产品收益率为 8%,则请问**现在需要投入多少钱**?<u>此为复利现值</u>。

(2)张先生现在 30 岁,计划 60 岁退休时,能准备好 100 万元的退休金,若投资的某理财产品收益率为 8%,则现在开始**每年年末需要投入多少钱**?<u>此为普通年金</u>。

(3)张先生现在 30 岁,计划 60 岁退休时,能准备好 100 万元的退休金,若投资的某理财产品收益率为 8%,则**每年年初需要投入多少钱**?<u>此为预付年金</u>。

(4)张先生现在 30 岁,计划 60 岁退休时,能准备好 100 万元的退休金,若投资的某理财产品收益率为 8%,2 年后开始准备,则每年需要投入多少钱?<u>此为递延年金</u>。

★★★ **考点 4. 年金终值和现值的计算** (2018 年变动)

(1)年金终值与现值

财务管理

名称	已知	未知	计算公式与系数（绿色部分为相应系数）
年金终值	A, i, n	F	F = A × (F/A, i, n)
年偿债基金	F, i, n	A	A = F ÷ (F/A, i, n) = F × (F/A, i, n)$^{-1}$
年金现值	A, i, n	P	P = A × (P/A, i, n)
年资本回收额	P, i, n	A	A = P ÷ (P/A, i, n) = P × (P/A, i, n)$^{-1}$

【例1·单选】某人于2015年1月1日向银行借入10万元，年利率5%，10年还清，每半年还款一次，每次金额相等，则每一期还款的金额的计算方式正确的是（　　）。

A. A = 100 000 × (100 000/A, 5%, 10)

B. A = 100 000 ÷ (100 000/A, 5%, 10)

C. A = 100 000 × (100 000/A, 2.5%, 20)

D. A = 100 000 ÷ (100 000/A, 2.5%, 20)

【答案】D

【解析】通过画时间轴，可知10万元为现值P，求的是年金，即使用"年资本回收额"的计算方法：A = P ÷ (P/A, i, n)，A和C用了乘法，可以直接排除。本题中，由于每年还款两次，10年一共20次，且年利率5%转化为半年利率2.5%，所以选项D正确。

【例2·单选】下列各项中，与普通年金终值系数互为倒数的是（　　）。（2017年）

A. 预付年金现值系数　　　　　　B. 普通年金现值系数

C. 年偿债基金系数　　　　　　　D. 年资本回收额

【答案】C

【解析】普通年金终值系数与偿债基金系数互为倒数，普通年金现值系数与资本回收系数互为倒数，所以选项C正确。

（2）预付年金终值与现值

①预付年金终值。

F$_{预付}$ = F$_{普通}$ × (1+i) = A × (F/A, i, n) × (1+i)

②预付年金现值。

P$_{预付}$ = P$_{普通}$ × (1+i) = A × (P/A, i, n) × (1+i)

【例3·单选】已知(P/A, 8%, 5) = 3.9927，(P/A, 8%, 6) = 4.6229，(P/A, 8%, 7) = 5.2064，则6年期、折现率为8%的预付年金现值系数是（　　）。（2013年）

A. 2.9927　　　　B. 4.2064　　　　C. 4.9927　　　　D. 6.2064

【答案】C

【解析】本题考察预付年金现值系数与普通年金现值系数的关系。即预付年金现值系数等于同期的普通年金现值系数乘以(1+i)，所以6年期、折现率为8%的预付年金现值系数 = 4.6229 × (1+8%) = 4.9927可以直接得出，其余为干扰信息。

（3）递延年金终值与现值

①递延年金终值——支付期的普通年金终值，<u>与递延期无关</u>。

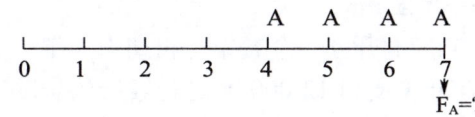

F = A×（F/A, i, 4）

此处从"3"处为起点，到"7"处即普通年金的模型。

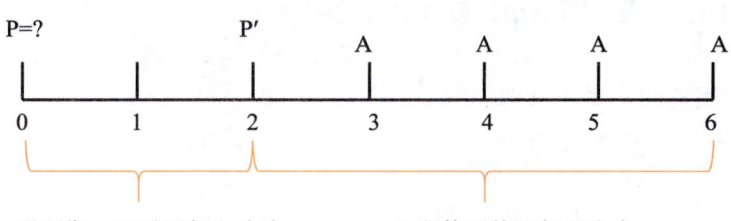

②递延年金现值（分段折现法）。

公式：**P = A ×（P/A, i, n）×（P/F, i, m）**。式中，m 为递延期，n 为年金连续收支期数。

【例4·单选】2017年1月1日张某欲购买一辆小汽车，4S店给出三种付款方案供张某选择（利率都为10%），请问最优的方案是（　　）。

方案1：现在支付10万元，2020年1月1开始每年支付3万元，连续支付5次

方案2：现在支付9万元，2019年1月1日起每年支付2.5万元，连续支付6次

方案3：现在支付10万元，2018年7月1日起每半年支付1.7万元，连续支付8次

A. 方案1　　　　　　　　　　　　B. 方案2

C. 方案3　　　　　　　　　　　　D. 无法判断

【答案】B

【解析】递延年金现值的计算方法为：P = A×（P/A, i, n）×（P/F, i, m）

方案1：P = 30 000 ×（P/30 000, 10%, 5）×（P/F, 10%, 2）+ 100 000 = 193 981.5

方案2：P = 25 000 ×（P/25 000, 10%, 6）×（P/F, 10%, 1）+ 90 000 = 188 985.1

方案3：P = 17 000 ×（P/17 000, 5%, 8）×（P/F, 10%, 1）+ 100 000 = 199 886.9

通过现值计算的结果可知，方案2的现值最小，所以选择方案B。

（4）永续年金：永续年金现值 P = A/i

三、利率的计算

考点1. 利率的计算——插值法

【例子】张先生要承租某店面开办一个餐馆，租期为3年。业主要求现在一次支付租金30 000元，或3年内每年年末支付12 000元。若银行的贷款利率为5%，问张先生是现在一次付清还是分3次付清更为合算？

（1）确定期数已知、利率未知的货币时间价值系数

由 12 000×（P/A, i, 3）=30 000，可知：

（P/A, i, 3）=30 000/12 000 = 2.5

（2）查相应的货币时间价值系数表，确定在相应期数的一行中，该系数位于哪两个相邻系数之间，以及这两个相邻系数对应的利率

（P/A, 9%, 3）=2.5313，（P/A, 10%, 3）=2.4869

（3）利用比例关系，求解利率i

$$\frac{i-10\%}{9\%-10\%} = \frac{2.5-2.4869}{2.5313-2.4869}$$

解得：$i = 10\% + \frac{2.5-2.4869}{2.5313-2.4869} \times (9\%-10\%) = 9.17\%$

【注意】（1）在期数一定的条件下：①复利终值系数表和年金终值系数表中，利率越高，则系数越大；②复利现值系数表和年金现值系数表中，利率越高，则系数越小。

（2）上述插值法的步骤也可以用于在利率i已知的情况下，推算期数n。

★★★考点2. 名义利率与实际利率

（1）一年多次计息时的名义利率与实际利率

①名义利率：1年内计息多次（计息期短于1年）的年利率。

②实际利率：1年计息1次（计息期等于1年）的年利率。

③名义利率与实际利率的换算。

a. 换算公式。

实际利率 =（1+名义利率/每年复利次数）^{每年复利次数} −1

b. 通货膨胀情况下的名义利率与实际利率。

实际利率 =（1+名义利率）/（1+通货膨胀率）−1

【例5·单选】某企业向金融机构借款，年名义利率为8%，按季度付息，则年实际利率为（　　）。（2017年）

A. 9.60%　　　B. 8.32%　　　C. 8.00%　　　D. 8.24%

【答案】D

【解析】实际利率 =（1+名义利率）/（1+通货膨胀率）−1 =（1+8%/4）^{4} −1 = 8.24%。所以，选项D是正确答案。

【例6·判断】公司年初借入资本100万元，第3年年末一次性偿还连本带息130万元，则这笔借款的实际年利率小于10%。（　　）（2016年）

【答案】√

【解析】公司年初借入资本100万元,第3年年末一次性偿还连本带息130万元。如果不考虑货币时间价值,其年利率=(130-100)÷3/100=10%,但如果考虑货币时间价值,第3年年末一次性偿还连本带息130万元的现值减少,则这笔借款的实际年利率小于10%。

第二节　风险与收益

一、资产的收益与收益率

★考点1. 资产的收益与收益率

(1) 资产收益的含义与计算

以金额或百分比表示。

(2) 资产收益率的类型

①实际收益率。

实际收益率表示<u>已经实现或者确定可以实现的资产收益率</u>,等于已实现或确定可以实现的利息(股息)率与资本利得收益率之和。当存在通货膨胀时,还应当扣除通货膨胀率的影响。

②预期收益率(又称期望收益率)。

预期收益率是指在不确定的条件下,预测的某资产未来可能实现的收益率。预测方法为<u>各种可能情况下收益率的加权平均</u>,权数是各种可能情况发生的概率,即:

预期收益率 $E(R) = \sum P_i \times R_i$

③必要收益率(最低必要报酬率、最低要求的收益率)。(2018年变动)

(全体)投资者对某资产合理要求的最低收益率,与认识到的风险有关——风险越大、必要收益率越高。在投资者为风险回避者的情况下:

必要收益率=无风险收益率+风险收益率

a. 无风险收益率(无风险利率)=纯粹利率(资金的时间价值)+通货膨胀补贴率。

b. 风险收益率(风险溢价),指某资产持有者因承担该资产的风险而要求的超过无风险利率的额外收益率。它的大小取决于以下两个因素:风险的大小、投资者对风险的偏好。

【例1·判断】必要收益率与投资者认识到的风险有关。如果某项资产的风险较低,那么投资者对该项资产要求的必要收益率就较高。(　　)(2015年)

【答案】×

【解析】必要报酬率与投资者认识到的风险有关,人们对资产的安全性有不同的看法。如果某公司陷入财务困难的可能性很大,也就是说投资该公司股票产生损失的可能性很大,那么投资于该公司股票将会要求一个较高的收益率,所以该股票的必要收益率就会较高。反之,如果某项资产的风险较低,那么投资者对该项资产要求的必要收益率就较低。

二、资产的风险及其衡量

★★★ 考点1. 资产的风险及其衡量

（1）风险的概念

风险是指企业在各项财务活动过程中，由于各种难以预料或无法控制的因素作用，使<u>企业的实际收益与预计收益发生背离</u>，从而蒙受经济损失的可能性。

（2）风险衡量

①期望值。

【例子】某企业有 A、B 两个投资项目，两个投资项目的收益率及其概率分布情况如下表所示，试计算两个项目的期望收益率。

项目实施情况	该种情况出现的概率		投资收益率	
	项目 A	项目 B	项目 A	项目 B
好	0.20	0.30	15%	20%
一般	0.60	0.40	10%	15%
差	0.20	0.30	0	-10%

根据公式计算项目 A 和项目 B 的期望投资收益率分别为：

项目 A 的期望投资收益率 $= 0.2 \times 15\% + 0.6 \times 10\% + 0.2 \times 0 = 9\%$

项目 B 的期望投资收益率 $= 0.3 \times 20\% + 0.4 \times 15\% + 0.3 \times (-10\%) = 9\%$

②离散程度——随机变量（各种可能的收益率）与期望值（期望收益率）的偏差。

名称	公式	含义
方差	$\sigma^2 = \sum_{i=1}^{n}(X_i - \bar{E})^2 \cdot P_i$	方差和标准差是<u>绝对数</u>，适用于<u>期望值相同</u>的项目的风险比较，方差和标准差<u>越大</u>，说明随机变量偏离期望值的幅度<u>越大</u>，即风险<u>越大</u>
标准差（标准离差）	方差开根号	
标准差率 V（2018 年变动）	标准差率 V = 标准差 ÷ 期望值	标准差率是以<u>相对数</u>来衡量某资产的全部风险，适用于<u>期望值不同</u>的项目的风险比较，标准差率<u>越大</u>，风险<u>越大</u>；相反，标准差率<u>越小</u>，风险<u>越小</u>。同样，期望值相同时也可以使用

【例2·计算】资产组合 M 的期望收益率为 18%，标准离差为 27.9%，资产组合 N 的期望收益率为 13%，标准差率为 1.2，投资者张某和赵某决定将其个人资产投资于资产组合 M 和 N 中，张某期望的最低收益率为 16%，赵某投资于资产组合 M 和 N 的资金比例分别为 30% 和 70%。（2017 年）

要求：

（1）计算资产组合 M 的标准差率；

（2）判断资产组合 M 和 N 哪个风险更大？

（3）为实现期望的收益率。张某应在资产组合 M 上投资的最低比例是多少？

（4）判断投资者张某和赵某谁更厌恶风险，并说明理由。

【答案】
（1）资产组合 M 的标准差率 = 27.9%/18% = 1.55。
（2）资产组合 N 的标准差率为 1.2，小于资产组合 M 的标准差率，故资产组合 M 的风险更大。
（3）设张某应在资产组合 M 上投资的最低比例是 X：18%X + 13% × (1 - X) = 16%，解得 X = 60%。为实现期望的收益率，张某应在资产组合 M 上投资的最低比例是 60%。
（4）张某在资产组合 M（高风险）上投资的最低比例是 60%，而在资产组合 N（低风险）上投资的最高比例是 40%，而赵某投资于资产组合 M 和 N 的资金比例分别为 30% 和 70%；因为资产组合 M 的风险大于资产组合 N 的风险，并且赵某投资于资产组合 M（高风险）的比例低于张某投资于资产组合 M（高风险）的比例，所以赵某更厌恶风险。

【例3·多选】下列指标中，能够反映资产风险的有（　　）。(2016 年)
A. 标准差率　　　　　　　　　　B. 标准差
C. 期望值　　　　　　　　　　　D. 方差
【答案】ABD
【解析】期望值本身不能衡量风险，选项 C 错误。选项 ABD 是常见的衡量分险的方法，其中，标准差率应用范围最广。

（3）风险对策

风险对策	具体措施
规避风险	①<u>拒绝</u>与<u>不守信用</u>的厂商业务往来 ②<u>放弃</u>可能明显<u>导致亏损</u>的投资项目 ③新产品在试制阶段<u>发现诸多问题</u>而果断<u>停止试制</u>
减少风险	①<u>进行准确的预测</u>，如对债务人信用评估等 ②对决策方案进行<u>多方案优选</u>和<u>相互替代</u> ③采取<u>多元化投资</u>以分散风险等
转移风险	①向专业性保险公司<u>投保</u> ②采取<u>合资</u>、<u>联营</u>、<u>增发新股</u>、<u>发行债券</u>、<u>联合开发</u>等措施实现风险共担 ③通过<u>技术转让</u>、<u>特许经营</u>、<u>战略联盟</u>、<u>租赁经营</u>和<u>业务外包</u>等实现风险转移
接受风险	①<u>风险自担</u>：指<u>风险损失发生</u>时，直接<u>将损失摊入成本或费用</u>，或<u>冲减利润</u> ②<u>风险自保</u>：企业<u>预留一笔风险金</u>或<u>随着生产经营的进行</u>，有计划地<u>计提资产减值准备</u>等

【例4·单选】下列各种风险应对措施中，能够转移风险的是（　　）。(2013 年)
A. 业务外包　　　　　　　　　　B. 多元化投资
C. 放弃亏损项目　　　　　　　　D. 计提资产减值准备
【答案】A
【解析】选项 A 属于转移风险的措施；选项 B 属于减少风险的措施；选项 C 属于规避风险的措施；选项 D 属于接受风险中的风险自保措施。

三、证券资产组合的风险与收益

★★★考点1. 证券资产组合的风险与收益

（1）证券资产组合的风险与收益特征

①证券资产组合的预期收益率是组合内各种资产收益率的<u>加权平均数</u>，其权数为各种资产在组合中的价值比例。即：

$$E(R_P) = \sum W_i \times E(R_i)$$

【例子】某投资公司的一项组合中包含A、B和C三种股票，权重分别为30%、40%和30%，三种股票的预期收益率分别为15%、12%和10%。要求计算该投资组合的预期收益率。

该投资组合的预期收益率 $E(R_P) = 30\% \times 15\% + 40\% \times 12\% + 30\% \times 10\% = 12.3\%$

②通常，证券资产组合的风险（标准差）小于组合内各资产的风险（标准差）的加权平均值，意味着组合能够降低（分散）风险。

【注意】组合的风险并<u>不等于</u>组合中各资产的风险的<u>加权平均</u>。

（2）证券资产组合风险及其衡量

①两项资产收益率之间的相关系数。

相关系数反映两项资产收益率的相关程度，即两项资产收益率之间的相对运动状态。

取值范围 $\begin{cases} 理论上：-1 \leq 相关系数 \leq 1 \\ 现实中：-1 < 相关系数 < 1 \end{cases}$

-1代表完全负相关，1代表完全正相关，0则表示不相关。

②证券资产收益率的相关性与风险分散。

相关系数取值	含义	举例
$\rho = 1$	完全正相关	A股票升10%，B股票升10%
$0 < \rho < 1$	正相关	A股票升10%，B股票升5%
$\rho = 0$	不相关	A股票升10%，B股票无变化
$-1 < \rho < 0$	负相关	A股票升10%，B股票降5%
$\rho = -1$	完全负相关	A股票升10%，B股票降10%

③两种证券资产组合的收益率的方差（风险）。

$$\sigma_P^2 = W_A^2 \sigma_A^2 + W_B^2 \sigma_B^2 + 2W_A W_B \rho_{A,B} \sigma_A \sigma_B$$
$$= (W_A \sigma_A)^2 + 2\rho_{A,B}(W_A \sigma_A)(W_B \sigma_B) + (W_B \sigma_B)^2$$

式中的 σ_P 指投资组合的标准差，σ_P^2 指投资组合的方差。

【注意】假设两种证券完全正相关（$\rho_{A,B} = 1$），组合的标准差（风险）等于组合内各项资产的标准差（风险）的加权平均值——风险不变；假设两种证券完全负相关（$\rho_{A,B} = -1$），只有一种组合（满足 $W_A/W_B = \sigma_B/\sigma_A$）能够完全抵消风险。

【例5·判断】由三只证券组成的投资组合中,三只证券所占投资总额的比重分别为40%、30%、30%,各自的标准差σ分别为10%、3%、7%,则该投资组合的标准差=10%×0.4+3%×0.3+7%×0.3=7%。( )

【答案】×

【解析】通常,证券资产组合的风险(标准差)小于组合内各资产的风险(标准差)的加权平均值,意味着组合能够降低(分散)风险。大小取决于组合中各资产的相关系数,并不是简单的标准差的加权平均。

【例6·判断】根据证券投资组合理论,在其他条件不变的情况下,如果两项证券资产的收益率具有完全正相关关系,则该证券投资组合不能够分散风险。( )(2014年)

【答案】√

【解析】当两项资产的收益率完全正相关,非系统风险不能被分散;而系统风险是不能通过投资组合分散的。所以,该证券组合不能够分散风险。

★★考点2. 风险的分类

(1)系统风险与非系统风险

分类	含义	产生因素
系统风险 (不可分散风险、市场风险)	影响所有资产、不能通过资产组合而消除的风险,不同公司以及同一公司不同时期受影响程度不同,用β衡量	影响整个市场的风险因素所引起
非系统风险 (可分散风险、特殊风险、特有风险)	由于某种特定原因对某特定资产收益率造成影响的可能性	特定企业或特定行业所特有的,与政治、经济和其他影响所有资产的市场因素无关

【例7·多选】证券投资的风险分为可分散风险和不可分散风险两大类,下列各项中,属于可分散风险的有( )。(2014年)

A. 研发失败风险　　　　B. 生产事故风险
C. 通货膨胀风险　　　　D. 利率变动风险

【答案】AB

【解析】可分散风险是特定企业或特定行业所特有的,与政治、经济和其他影响所有资产的市场因素无关。选项CD属于不可分散风险,选项AB是可分散风险,是正确答案。

(2)系统风险的衡量——β系数

①市场组合:市场上所有资产组成的组合(代表整个市场)——最充分的组合,没有非系统风险。

a. 市场组合收益率 R_m:市场平均收益率,通常用股票价格指数的收益率来代替。

b. 市场组合的风险:代表市场整体的风险,即市场风险或系统风险,用市场组合收益率的方差衡量。

②单项资产和投资组合的系统风险系数(β系数)。

		要点阐释	
单项资产的 β 系数	含义	单项资产的 β 系数是指可以反映单项资产收益率与市场上全部资产的平均收益率之间变动关系的一个量化指标，它<u>表示单项资产收益率的变动受市场平均收益率变动的影响程度</u>，也称为系统风险指数。	
	经济含义	β = 1：该单项资产的收益率与市场平均收益率呈<u>相同方向、相同比例的变化</u>，其系统风险与市场组合的风险情况一致	市场上全部资产的平均收益率升10%，A 股票或投资组合升10%
		β > 1：该单项资产的系统风险<u>大于</u>整个市场组合的风险	市场上全部资产的平均收益率升10%，A 股票或投资组合升15%
		β < 1：该单项资产的系统风险<u>小于</u>整个市场组合的风险	市场上全部资产的平均收益率升10%，A 股票或投资组合升5%
		β < 0：该资产的收益率与市场平均收益率的变化<u>方向相反</u>	市场上全部资产的平均收益率升10%，A 股票或投资组合降5%
投资组合的 β 系数	含义	投资组合的 β 系数是所有单项资产 β 系数的<u>加权平均数</u>，权数为各种资产在投资组合中所占的价值比例。	
	计算公式	$\beta_P = \sum_{i=1}^{n} W_i \times \beta_i$	

【例8·多选】下列关于证券投资组合的表述中，正确的有（　　）。（2017 年）

A. 两种证券的收益率完全正相关时可以消除风险
B. 投资组合收益率为组合中各单项资产收益率的加权平均数
C. 投资组合风险是各单项资产风险的加权平均数
D. 投资组合能够分散掉的是非系统风险

【答案】BD

【解析】当两种证券的收益率完全正相关时，不能分散任何风险，选项 A 错误；投资组合可能分散非系统风险，选项 C 错误。

【例9·单选】当某上市公司的 β 系数大于 0 时，下列关于该公司风险与收益表述中，正确的是（　　）。（2015 年）

A. 系统风险高于市场组合风险
B. 资产收益率与市场平均收益率呈同向变化
C. 资产收益率变动幅度小于市场平均收益率变动幅度
D. 资产收益率变动幅度大于市场平均收益率变动幅度

【答案】B

【解析】根据β系数的计算公式可知，β系数的正负号取决于资产收益率与市场平均收益率的相关系数。当资产收益率与市场平均收益率呈同向变化时，其相关系数为正，则β系数大于0。所以，选项B是正确答案。

四、资本资产定价模型

★★**考点1. 资本资产定价模型**

（1）基本原理

项目	要点阐释
计算公式	必要收益率＝无风险收益率＋（系统）风险收益率＝$R_f+β×(R_m-R_f)$ 【注意】(R_m-R_f)称为市场风险溢价，它反映的是市场作为整体对风险的平均"容忍"程度。对风险的平均容忍程度越低，越厌恶风险，要求的收益率就越高，市场风险溢价就越大；反之，市场风险溢价则越小。$β×(R_m-R_f)$称为风险收益率。
投资组合	在其他因素不变的情况下，投资组合的风险收益率与投资组合的β系数成正比，β系数越大，风险收益率就越大；反之越小。

【例10·判断】依据资本资产定价模型，资产的必要收益率不包括对公司特有风险的补偿。（　　）（2017年）

【答案】√

【解析】资本资产定价模型中，某资产的必要收益率是由无风险收益率和资产的风险收益率决定的。而风险收益率中的β系数衡量的是证券资产的系统风险，公司特有风险作为非系统风险是可以分散掉的。

【例11·单选】某上市公司2013年的β系数为1.24，短期国债利率为3.5%。市场组合的收益率为8%，投资者投资该公司股票的必要收益率是（　　）。（2014年）

A. 5.58%　　　　B. 9.08%　　　　C. 13.52%　　　　D. 17.76%

【答案】B

【解析】必要收益率＝3.5%＋1.24×（8%－3.5%）＝9.08%。

【例12·多选】根据资本资产定价模型，下列关于β系数的说法中，正确的有（　　）。（2014年）

A. β值恒大于0

B. 市场组合的β值恒等于1

C. β系数为零表示无系统风险

D. β系数既能衡量系统风险也能衡量非系统风险

【答案】BC

【解析】绝大多数资产的β系数是大于零的，也就是说，它们收益率的变化方向与市场平均收益率的变化方向是一致的，只是变化幅度不同而导致β系数的不同；极个别资产的β系数是负数，表明这类资产与市场平均收益的变化方向相反，当市场平均收益增加时，这类资产的收益却在减少。所以，选项A错误。β系数只反映系统风险的大小，选项D错误。所以，选项BC是正确答案。

(2) 资本资产定价模型的有效性和局限性

①<u>有效性</u>。

提供了对（**系统**）风险和（**必要**）收益之间的一种实质性的表述，即：**必要收益率**是**系统风险**的**函数**，只有系统风险才有资格要求补偿。

②局限性。

a. 某些资产或企业的 β 值难以估计，特别是对一些缺乏历史数据的新兴行业。

b. 经济环境的不确定性和不断变化，使得依据历史数据估算出来的 β 值对未来的指导作用受到削弱。

c. CAPM 建立在一系列假设之上，其中一些假设与实际情况有较大偏差，使得 CAPM 的有效性受到质疑。

第三节　成本性态分析

<u>成本性态（成本习性）</u>：是指**成本的变动**与**业务量**（**产量或销售量**）之间的依存关系。按照成本性态，通常可以把成本区分为<u>固定成本</u>、<u>变动成本</u>和<u>混合成本</u>。

一、固定成本

★★ **考点1. 固定成本**

（1）基本特征

①成本总额在一定时期及一定业务量范围内，**不直接受业务量变动的影响而保持固定不变**；该业务量范围成为相关范围。

②**单位固定成本**（单位业务量负担的固定成本）与**业务量的增减呈反向变动**。

（2）分类——支出额是否可以在一定期间内改变（能否为管理者的短期经营决策所改变）

类别	示例	降低措施
约束性固定成本（经营能力成本）	如固定资产折旧费（除了工作量法计提的固定资产折旧）、保险费、房屋租金、管理人员的基本工资等	合理利用企业现有的生产能力，提高生产效率
酌量性固定成本	广告费、职工培训费、新产品研究开发费用等	预算控制

【例1·单选】根据成本性态，在一定时期一定业务量范围之内，职工培训费一般属于（　　）。（2016 年）

A. 半变动成本　　　　　　　　　　B. 半固定成本

C. 约束性固定成本　　　　　　　　D. 酌量性固定成本

【答案】D

【解析】酌量性固定成本是指管理当局的短期经营决策行动能改变其数额的固定成本。如广告费、职工培训费、新产品研究开发费用等。所以，选项 D 是正确答案。

二、变动成本

★★考点 1. 变动成本

（1）基本特征

①在特定的业务量范围内，其总额随业务量的变动而成正向变动。

②单位变动成本（单位业务量负担的变动成本）不变。

（2）分类

类别	特征	示例
技术性变动成本	指与产量有明确的技术或实物关系的变动成本。这种成本只要生产就必然会发生，若不生产，其技术变动成本便为零	直接材料
酌量性变动成本	指通过管理当局的决策行动可以改变的变动成本。特点是其单位变动成本的发生额可由企业最高管理层决定	按销售收入的一定百分比支付的销售佣金、技术转让费等

【例 2·多选】下列各项中，属于变动成本的有（　　）。（2017 年）

A. 新产品的研究开发费用

B. 按产量法计提的固定资产折旧

C. 按销售收入一定百分比支付的技术转让费

D. 随产品销售的包装物成本

【答案】BCD

【解析】变动成本是指在特定的业务量范围内，其总额会随业务量的变动而成正比例变动的成本。如直接材料、直接人工、按销售量支付的推销员佣金、装运费、包装费，以及按产量计提的固定设备折旧等都是和单位产品的生产直接联系的，其总额会随着产量的增减成正比例的增减。同时变动成本也可以区分为两大类：技术性变动成本和酌量性变成本。其中酌量性变动成本是指通过管理当局的决策行动可以改变的变动成本。如按销售收入的一定百分比支付的销售佣金、技术转让费等。因此选项 BCD 正确；而新产品的研究开发费用属于固定成本，选项 A 不正确。

【例 3·判断】变动成本总额在特定的业务量范围内随着业务量的变化而成正比例变化。（　　）（2017 年）

【答案】√

【解析】变动成本是指在特定的业务量范围内，其总额会随业务量的变动而成正比例变动的成本。

三、混合成本

★★考点 1. 混合成本

混合成本就是"混合"了固定成本和变动成本两种不同性质的成本。一方面，它们要随业务量的变化而变化；另一方面，它们的变化又不能与业务量的变化保持着纯粹的正比例关系。

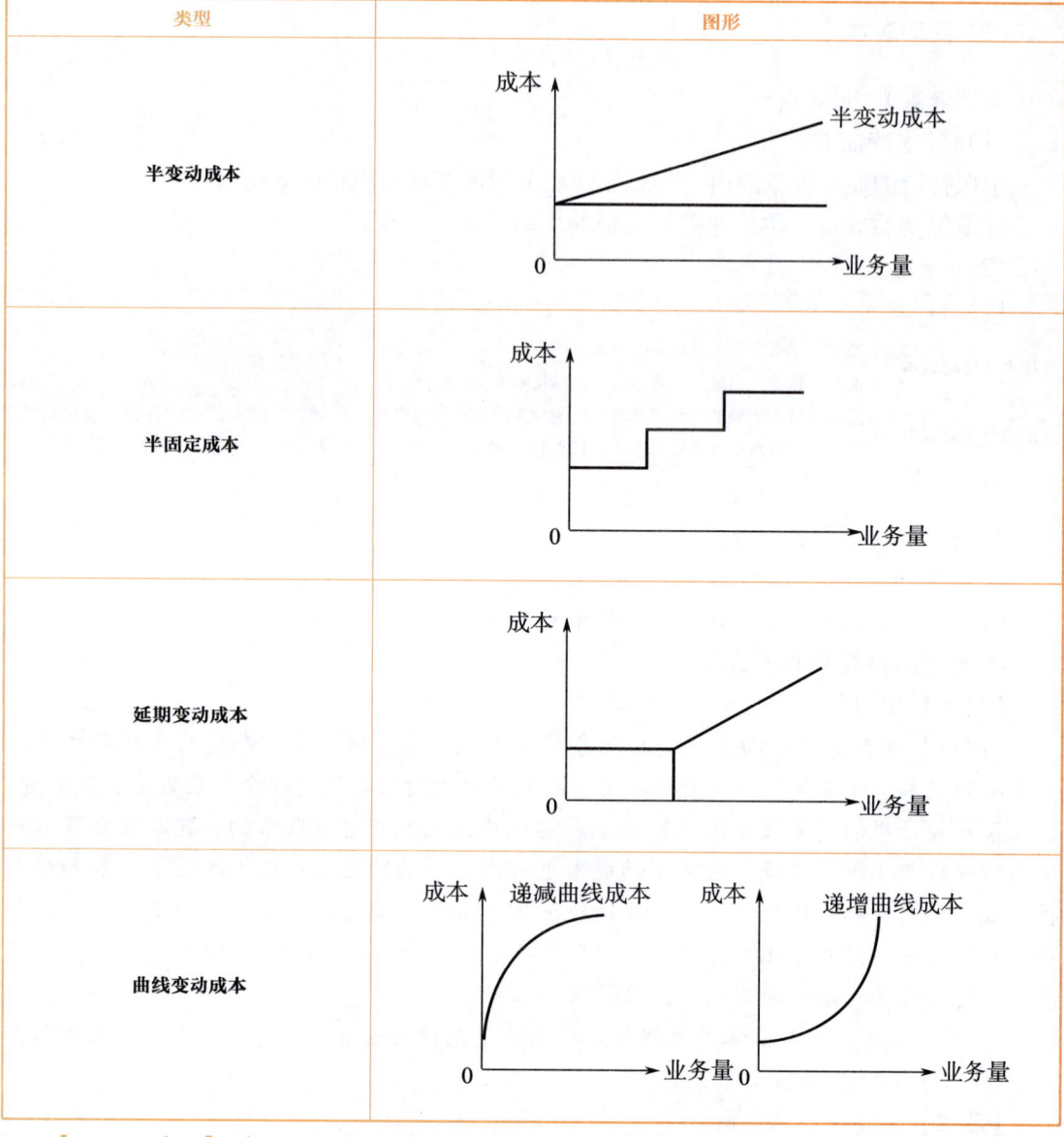

【例4·单选】某公司电梯维修合同规定,当每年上门维修不超过3次时,年维修费用为5万元,当超过3次时,则在此基础上按每次2万元付费。根据成本性态分析,该项维修费用属于( )。(2014年)

A.半变动成本　　　　　　　　B.半固定成本
C.延期变动成本　　　　　　　D.曲线变动成本

【答案】C

【解析】延期变动成本在一定的业务量范围内有一个固定不变的基数,当业务量增长超出了这个范围,它就与业务量的增长成正比例变动。所以,选项C是正确答案。

(3) 混合成本的分解

混合成本的分解,目的是建立总成本的直线方程 **y = ax + b**。

①高低点法。

a. **高低点**（业务量）：一定时期内的**最高**业务量和**最低**业务量。
b. 原理：由高低点确定混合成本的相关范围，在此相关范围内，固定成本总额 a 和单位变动成本 b 为常数。即满足：

$$\begin{cases} 高点：y_{高} = a + bx_{高点} \\ 低点：y_{低} = a + bx_{低点} \end{cases}$$

c. 优缺点。

$$\begin{cases} 优点：计算较简单 \\ 缺点：只考虑高点和低点两组数据，代表性差，比较粗糙 \end{cases}$$

② 回归分析法——较为精确。

a. **回归分析法**是根据过去一定期间的业务量和混合成本的历史资料，应用**最小二乘法**原理，计算出最能代表业务量与混合成本关系的回归直线，借以确定混合成本中固定成本和变动成本的方法。

b. 回归分析法考虑了**所有的历史数据**，其分解结果从理论上讲最为精确。但计算比较复杂。

【例5·单选】企业生产产品所耗用直接材料成本属于（　　）。（2017年）
A. 技术性变动成本
B. 酌量性变动成本
C. 酌量性固定成本
D. 约束性固定成本
【答案】A
【解析】技术性变动成本是指与产量有明确的技术或实物关系的变动成本。直接材料成本由于是与生产产品相关的，因此属于技术性变动成本，故选项A正确。

★ **考点2. 总成本模型**

总成本 = 固定成本总额 + 变动成本总额
　　　 = 固定成本总额 + 单位变动成本 × 业务量

检测1-2

第三章 预算管理

本章考情分析

思维导图

本章为次重点章,主要介绍全面预算的有关知识,主客观题型均可能出现,并可能与其他章节(如成本管理等)合并出综合题。

出题点主要集中在预算的分类、各类预算编制方式的含义及特点、现金预算和预计财务报表的编制。

年 份 题 型	2014 年		2015 年		2016 年		2017 年卷一		2017 年卷二	
	题量	分值	题量	分值	题量	分值	题量	分值	题量	分值
单选题	2	2	2	2	3	3	2	2	1	1
多选题	-	-	1	2	2	4	1	2	1	2
判断题	1	1	1	1	1	1	1	1	1	1
计算题	-	-	1	5	-	-	1	5	1	5
综合题	1	3	-	-	-	-	-	-	-	-
合计	-	6	-	10	-	8	-	10	-	9

第一节 预算管理概述

一、预算的特征与作用

考点1. 预算的特征与作用

特征	(1) 预算与企业的战略或者<u>目标保持一致</u> (2) <u>数量化</u>和<u>可执行性</u>,作为未来经营活动的依据
作用	(1) 通过引导和控制经济活动,使企业经营达到<u>预期目标</u>。预算具有<u>规划</u>、<u>控制</u>、<u>引导企业经济活动有序进行</u>、以最经济有效的方式<u>实现预定目标</u>的功能 (2) 实现企业内部<u>各个部门之间的协调</u> (3) 作为<u>业绩考核的标准</u>

二、预算的分类

★★★ 考点1. 预算的分类

分类标准	类型	含义	内容
按内容的不同	业务预算（即经营预算）	指与企业日常经营活动直接相关的经营业务的各种预算	包括销售预算、生产预算、直接材料预算、直接人工预算、制造费用预算、产品成本预算、销售费用和管理费用预算等
	专门决策预算	指企业不经常发生的、一次性的重要决策预算	资本支出预算
	财务预算	指企业在计划期内反映有关预计现金收支、财务状况和经营成果的预算	包括现金预算、预计利润表和预计资产负债表等内容
按预算指标覆盖的时间长短	短期预算	通常将预算期在一年以内（含一年）的预算称为短期预算	业务预算、财务预算
	长期预算	预算期在一年以上的称为长期预算	专门决策预算

【例1·单选】下列各项中，不属于业务预算的是（　　）。（2012年，2017年）

A. 现金预算

B. 销售预算

C. 销售费用预算

D. 直接材料预算

【答案】A

【解析】现金预算是以业务预算和专门决策预算为依据编制的，专门反映预算期内预计现金收入与现金支出，以及为满足理想现金余额而进行筹资或归还借款等的财务预算，故选项A不属于业务预算。

【例2·多选】下列关于财务预算的表述中，正确的有（　　）。（2013年）

A. 财务预算多为长期预算

B. 财务预算又被称作总预算

C. 财务预算是全面预算体系的最后环节

D. 财务预算主要包括现金预算和预计财务报表

【答案】BCD

【解析】一般情况下，企业的业务预算和财务预算多为1年期的短期预算。故选项A错误；财务预算主要包括现金预算和预计财务报表，它是全面预算体系的最后环节，它是从价值方面总括地反映企业业务预算和专门决策预算的结果，亦将其称为总预算。故选项BCD正确。

三、预算体系

★★ **考点1. 预算体系**

预算体系
- 业务预算（经营预算）⎫ 分预算
- 专门决策预算　　　　⎭（辅助预算）
- 财务预算（总预算）
  - 现金预算
  - 预计财务报表
    - 预计利润表
    - 预计资产负债表

【例3·判断】专门决策预算主要反映项目投资与筹资计划，是编制现金预算和预计资产负债表的依据之一。（　　）（2013年）

【答案】√

【解析】专门决策预算可以准确反映项目资金投资支出与筹资计划，它同时也是编制现金预算和预计资产负债表的依据。

四、预算工作的组织

★ **考点1. 预算工作的组织**

负责机构	主要职责
董事会或类似机构	(1) 对企业预算的管理工作负总责 (2) 可以根据情况设立预算委员会或指定财务管理部门负责预算管理事宜，并对企业法定代表人负责
预算委员会或财务管理部门	(1) 拟定预算目标、政策，制定预算管理的具体措施和办法 (2) 审议、平衡预算方案，组织下达预算 (3) 协调解决预算编制和执行中的问题 (4) 组织审计 (5) 考核预算的执行情况，督促企业完成预算目标
财务管理部门	企业预算的跟踪管理，监督预算的执行情况，分析预算与实际执行的差异及原因，提出改进管理的意见与建议
内部各职能部门	本部门业务涉及的预算编制、执行、分析等工作，其主要负责人参与企业预算委员会的工作，并对本部门预算执行结果承担责任
所属基层单位（预算的基本单位）	在企业财务管理部门的指导下，负责本单位<u>现金流量</u>、<u>经营成果</u>和<u>各项成本费用预算</u>的编制、控制、分析工作，接受企业的检查、考核。其主要负责人对本单位财务预算的执行结果承担责任

【例4·单选】下列各项中，对企业预算管理工作负总责的组织是（　　）。（2013年）

A. 财务部　　　　B. 董事会　　　　C. 监事会　　　　D. 股东会

【答案】B

【解析】企业董事会或类似机构应当对企业预算的管理工作负总责，故选项B正确。

第二节　预算的编制方法与程序

一、预算的编制方法

★★★ 考点1. 增量预算法与零基预算法

（1）增量预算法

增量预算法是以<u>基期成本费用水平</u>为基础，结合预算期业务量水平及有关降低成本的措施，通过调整有关费用项目而编制预算的方法。

①假定前提——**存在即合理**。

a. 企业现有业务活动是合理的，不需要进行调整。

b. 企业现有各项业务的开支水平是合理的，在预算期予以保持。

c. 以现有业务活动和各项活动的开支水平，确定预算期各项活动的预算数。

②缺陷：可能导致**无效费用开支项目无法得到有效控制**。

（2）零基预算法

零基预算法是指<u>不考虑以往会计期间</u>所发生的费用项目或费用数额，而是一切以零为出发点，根据实际需要逐项审议预算期内各项费用的内容及开支标准是否合理，在综合平衡的基础上编制费用预算。——**合理才存在**。

①编制程序。

a. 提出各费用项目的**开支目的**和**开支数额**。

b. 划分不可避免费用项目（保证资金供应）和可避免费用项目（成本效益分析）。

c. 划分不可延缓费用项目（优先安排）和可延缓费用项目（按轻重缓急安排）。

②优点。

a. 不受**现有费用项目**的限制。

b. 不受**现行预算**的束缚。

c. 能够调动各方面节约费用的积极性。

d. 有利于促使各基层单位精打细算，合理使用资金。

③缺点：编制工作量大。

【小剧场】朱老师家里财政大权由夫人管理，每个月会批复朱老师当月零花钱。已知上个月朱老师零花钱是200元，本月朱老师想在上个月消费基础上增加一瓶可乐3元，夫人痛快批复了203元（增量预算）。然而现实是残酷的，夫人精打细算，重新列出他的开支项目和开支数额，将购买彩票支出（可避免费用项目）和手机话费支出（可延缓项目）完全取消和推迟，最后批复186元（零基预算）。

【例1·单选】下列各项中，不属于零基预算法优点的是（　　）。（2017年）

A. 不受现有费用项目的限制

B. 有利于促使预算单位合理利用资金

C. 不受现有预算的约束

D. 编制预算的工作量小

【答案】D

【解析】零基预算的优点表现在：（1）不受现有费用项目的限制；（2）不受现行预算的束缚；（3）能够调动各方面节约费用的积极性；（4）有利于促使各基层单位精打细算，合理使用资金。其缺点是编制工作量大。

【例2·单选】下列预算编制方法中，不受现行预算的束缚，有助于保证各项预算开支合理性的是（　　）。（2014年，2015年，2016年）

A. 滚动预算法　　　　　　　　B. 零基预算法
C. 弹性预算法　　　　　　　　D. 增量预算法

【答案】B

【解析】零基预算法是以零为基础的编制预算的方法，所以不考虑以往会计期间所发生的费用项目或费用数额，有助于保证各项预算开支的合理性，故选项B正确。

★★★ 考点2. 固定预算法与弹性预算法

（1）固定预算法（又称静态预算法）

固定预算法是指在编制预算时，只根据预算期内正常的、可实现的<u>某一固定业务量</u>（如生产量、销售量）水平作为唯一基础来编制预算的方法。

缺点：

①**适应性差**。

②**可比性差**。

（2）弹性预算法

弹性预算法又称<u>动态预算法</u>，是在成本性态分析的基础上，依据业务量、成本和利润之间的联动关系，按照预算期内可能的<u>一系列业务量</u>（如生产量、销售量、工时等）水平编制系列预算的方法。

①与按特定业务量水平编制的固定预算相比，弹性预算有两个显著特点：

a. 弹性预算是按一系列业务量水平编制的，从而扩大了预算的适用范围。

b. 弹性预算是按成本性态分类列示的，在预算执行中可以计算一定实际业务量的预算成本，便于预算执行的评价和考核。

②弹性预算的编制，可以采用公式法，也可以采用列表法。

a. 公式法：$y = a + bx$。

其中，y 表示某项预算成本总额，a 表示该项成本中的预算固定成本额，b 表示该项成本中的预算单位变动成本额，x 表示预计业务量。

b. 列表法。

③弹性预算法编制预算的基本步骤：

选择业务量计量单位——确定适用的业务量范围——确定各项成本与业务量关系——计算各项预算成本

【例3·判断】编制弹性预算时，以手工操作为主的车间，可以选用人工工时作为业务量的计量单位。（　　）（2017年）

【答案】√

【解析】编制弹性预算,要选用一个最能代表生产经营活动水平的业务量计量单位。例如,以手工操作为主的车间,就应选用人工工时;制造单一产品或零件的部门,可以选用实物数量;修理部门可以选用直接修理工时等。

【例4·单选】某企业制造费用中油料费用与机器工时密切相关,预计预算期固定油料费用为10 000元,单位工时的变动油料费用为10元,预算期机器总工时为3 000小时,则预算期油料费用预算总额为(   )元。(2014年)

A.10 000   B.20 000   C.30 000   D.40 000

【答案】D

【解析】预算期油料费用预算总额 = 10 000 + 3 000 × 10 = 40 000(元)。

【例5·单选】运用弹性预算编制成本费用预算包括以下步骤:①确定适用的业务量范围;②确定各项成本与业务量关系;③选择业务量计量单位;④计算各项预算成本。这四个步骤的正确顺序是(   )。(2015年)

A.①②③④   B.③②①④   C.③①②④   D.①③②④

【答案】C

【解析】运用弹性预算法编制预算的基本步骤是:第一步,选择业务量的计量单位;第二步,确定适用的业务量范围;第三步,逐项研究并确定各项成本和业务量之间的数量关系;第四步,计算各项预算成本,并用一定的方法来表达,故选项C正确。

★★★考点3. 定期预算法与滚动预算法

预算方法	含义	优点	缺点
定期预算法	指在编制预算时,以<u>不变的会计期间</u>(如日历年度)作为预算期的一种编制预算的方法	①能够使预算期间与会计期间相对应,便于将<u>实际数与预算数进行对比</u> ②有利于对预算执行情况进行分析和评价	该种预算方法固定以一年为预算期,在执行了一段时期之后,往往使管理人员只考虑剩下来的几个月的业务量,缺乏长远打算,导致一些短期行为的出现
滚动预算法(连续预算法或永续预算法)	指在编制预算时,将预算期与会计期间脱离开,随着预算的执行不断地补充预算,<u>逐期向后滚动</u>,使预算期始终保持为一个固定长度(一般为12个月)的一种预算方法	①使预算期间<u>依时间顺序向后滚动</u>,能够保持预算的持续性,有利于考虑未来业务活动,结合企业近期目标和长期目标 ②使预算随时间的推进不断加以调整和修订,能<u>使预算与实际情况更相适应</u>,有利于充分发挥预算的指导和控制作用	无

采用滚动预算法编制预算,按照滚动的时间单位不同可分为**逐月滚动**、**逐季滚动**和**混合滚动**。

类型	表现形式
逐月滚动	1月,2月,3月,4月→2月,3月,4月,5月→3月,4月,5月,6月……
逐季滚动	1季度,2季度,3季度,4季度→2季度,3季度,4季度,次年1季度→3季度,4季度,次年1季度,次年2季度……
混合滚动	逐月滚动与逐季滚动混合

【例6·单选】随着预算执行不断补充预算，但始终保持一个固定预算期长度的预算编制方法是（　　）。（2015年）

A. 滚动预算法 B. 弱性预算法
C. 零基预算法 D. 定期预算法

【答案】A

【解析】滚动预算法是指在编制预算时，将预算期与会计期间脱离开，随着预算的执行不断地补充预算，逐期向后滚动，使预算期始终保持为一固定长度的一种预算方法，故选项A正确。

【例7·计算】丁公司采用逐季滚动预算和零基预算相结合的方法编制制造费用预算，相关资料如下：（2013年）

资料一：2012年度分季度的制造费用预算如下表所示。

项目	第一季度	第二季度	第三季度	第四季度	合计
直接人工预算总工时（小时）	11 400	12 060	12 360	12 600	48 420
变动制造费用	91 200	*	*	*	387 360
其中：间接人工费用	50 160	53 064	54 384	55 440	213 048
固定制造费用	56 000	56 000	56 000	56 000	224 000
其中：设备租金	48 500	48 500	48 500	48 500	194 000
生产准备与车间管理费	*	*	*	*	*

注：表中"*"表示省略的数据。

资料二：2012年第二季度至2013年第一季度滚动预算期间将发生如下变动。

(1) 直接人工预算总工时为50 000小时；

(2) 间接人工费用预算工时分配率将提高10%；

(3) 2012年第一季度末重新签订设备租赁合同，新租赁合同中设备年租金将降低20%。

资料三：2012年第二季度至2013年第一季度，公司管理层决定将固定制造费用总额控制在185 200元以内，固定制造费用由设备租金、生产准备费用和车间管理费组成，其中设备租金属于约束性固定成本，生产准备费和车间管理费属于酌量性固定成本，根据历史资料分析，生产准备费的成本效益远高于车间管理费。为满足生产经营需要，车间管理费总预算额的控制区间为12 000~15 000元。

要求：

(1) 根据资料一和资料二，计算2012年第二季度至2013年第一季度滚动期间的下列指标：

①间接人工费用预算工时分配率。

②间接人工费用总预算额。

③设备租金总预算额。

(2) 根据资料二和资料三，在综合平衡基础上根据成本效益分析原则，完成2012年第二季度至2013年第一季度滚动期间的下列事项：

① 确定车间管理费用总预算额。
② 计算生产准备费总预算额。

【答案】
(1) ① 间接人工费用预算工时分配率 = (213 048/48 420) × (1 + 10%) = 4.84 (元/小时)
② 间接人工费用总预算额 = 50 000 × 4.84 = 242 000 (元)
③ 设备租金总预算额 = 194 000 × (1 − 20%) = 155 200 (元)

(2) 设备租金是约束性固定成本，是必然发生的。生产准备费和车间管理费属于酌量性固定成本，发生额的大小取决于管理当局的决策行动，由于生产准备费的成本效益远高于车间管理费，根据成本效益分析原则，尽量减少车间管理费——将其预算额安排为控制区间的下限 12 000 元。
① 车间管理费用总预算额 = 12 000 (元)
② 生产准备费总预算额 = 185 200 − 155 200 − 12 000 = 18 000 (元)

二、预算的编制程序

考点 1. 预算的编制程序

企业编制预算，一般应按照"上下结合、分级编制、逐级汇总"的程序进行。

下达目标→编制上报→审查平衡→审议批准→下达执行

第三节　预算编制

一、业务预算的编制

★★★ 考点 1. 业务预算的编制

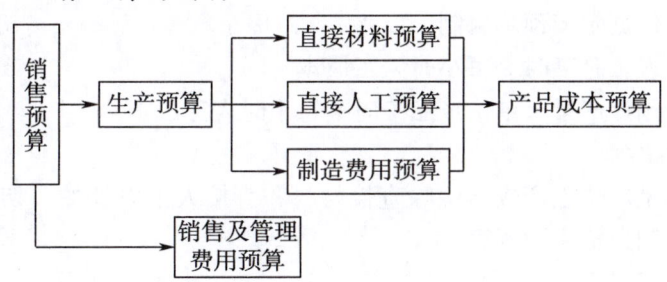

(1) <u>销售预算</u>

销售预算是编制全面预算的关键和起点。

销售收入 = 销售单价 × 销售数量

当期销售现金流量
= 本期销售收入 × 本期收现比例 + 以前某期收入 × 以前某期收入在本期收现比例

【例1·单选】丙公司预计2016年各季度的销售量分别为100件、120件、180件、200件。预计每季度末产成品存货为下一季度销售量的20%，丙公司第二季度预计生产量为（　　）件。(2016年)

A. 156　　　　B. 132　　　　C. 136　　　　D. 120

【答案】B

【解析】第二季度预计生产量 = 第二季度预计销售量 + 第二季度期末存货量 − 第二季度期初存货量 = 120 + 180 × 20% − 120 × 20% = 132（件）。

（2）<u>生产预算</u>

生产预算需要根据预计的销售量，并考虑预计期初存货和预计期末存货等因素按品种和生产车间分别编制。

预计生产量 + 预计期初结存量（以销定产）= 预计销售量 + 预计期末结存量

预计生产量 = 预计销售量 + 预计期末结存量 − 预计期初结存量（以销定产）

【注意】生产预算是所有日常业务预算中唯一只使用实物量计量单位的预算。

（3）<u>直接材料预算</u>

直接材料预算，以生产预算、材料消耗定额和预计材料采购单价等信息为基础，并考虑期初、期末材料存货水平。

某种材料耗用量 = 产品预计生产量 × 单位产品定额耗用量

某种材料采购量 = 某种材料耗用量 + 该种材料期末结存量 − 该种材料期初结存量

【例2·单选】某企业2017年度预计生产某产品1 000件，单位产品耗用材料15千克，该材料期初存量为1 000千克，预计期末存量为3 000千克，则全年预计采购量为（　　）千克。(2017年)

A. 18 000　　　B. 16 000　　　C. 15 000　　　D. 17 000

【答案】D

【解析】生产需用量 = 预计生产量 × 单位产品材料耗用量 = 1 000 × 15 = 15 000（千克），预计采购量 = 生产需用量 + 期末存量 − 期初存量 = 15 000 + 3 000 − 1 000 = 17 000（千克）。

（4）<u>直接人工预算</u>

直接人工预算依据生产预算编制。

人工总成本 = 人工总工时 × 每小时人工成本
　　　　　= 预计产量 × 单位产品工时 × 每小时人工成本

（5）<u>制造费用预算</u>

制造费用预算是反映生产成本中除直接材料和直接人工以外的一切不能直接计入产品制造成本的间接制造费用的预算。

（6）<u>产品成本预算</u>

产品成本预算是销售预算、生产预算、直接材料预算、直接人工预算、制造费用预算的汇总。

【例3·单选】下列预算中，不直接涉及现金收支的是（　　）。(2016年)

A. 销售与管理费用预算　　　　B. 销售预算

C. 产品成本预算　　　　　　　D. 直接材料预算

【答案】C

【解析】产品成本预算主要内容是产品的单位成本和总成本，不直接涉及现金收支。

(7) <u>销售及管理费用预算</u>

销售及管理费用预算是以价值形式反映整个预算期内为销售产品和维持一般行政管理工作而发生的各项目费用支出预算。

【例4•多选】编制资产负债表预算时，下列预算中，能够直接为"存货"项目年末余额提供数据来源的有（　　）。(2016年)

A.销售预算　　　　　　　　B.产品成本预算
C.直接材料预算　　　　　　D.生产预算

【答案】BC

【解析】存货包括直接材料和产成品，所以直接相关的就是直接材料预算和产品成本预算。生产预算会影响存货的数量，但是不能够对存货项目年末余额产生直接影响，故选项BC正确。

二、专门决策预算的编制

★考点1. 专门决策预算的编制

<u>专门决策预算</u>：长期投资预算（资本支出预算），与项目投资决策相关，经常跨越多个年度。反映项目资金投资支出与筹资计划，也是编制**现金预算**和**预计资产负债表**的依据。

【例5•判断】业务预算是全面预算编制的起点，因此专门决策预算应当以业务预算为依据。（　　）(2017年)

【答案】×

【解析】专门决策预算主要是长期投资预算（又称资本支出预算），通常是指与项目投资决策相关的专门预算，它往往涉及长期建设项目的资金投放与筹集，并经常跨越多个年度。编制专门决策预算的依据，是项目财务可行性分析资料以及企业筹资决策资料。

三、财务预算的编制

★★★考点1. 财务预算的编制

(1) 现金预算

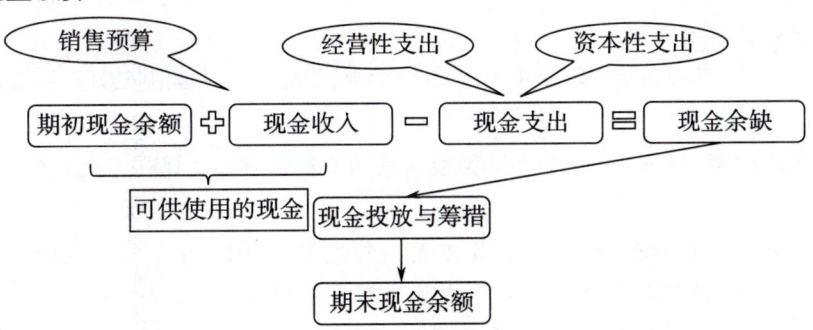

①可供使用现金＝期初现金余额＋现金收入。

其中：现金收入是指经营现金收入，主要来源为销货取得的现金收入。

②现金支出。

a. 直接材料、直接人工、制造费用、销售及管理费用——业务预算。

b. 购买设备——长期投资预算。

c. 所得税费用、股利分配——专门预算。

【注意】现金收入与现金支出均不包括与借款有关的现金流量。借款现金流入、还本付息支出，应反映在"现金筹措与运用"中。

【例6·单选】下列各项中，不属于业务预算的是（　　）。（2017年）

A. 现金预算　　　　　　　　　　B. 销售预算

C. 销售费用预算　　　　　　　　D. 直接材料预算

【答案】A

【解析】现金预算是以业务预算和专门决策预算为依据编制的，专门反映预算期内预计现金收入与现金支出，以及为满足理想现金余额而进行筹资或归还借款等的财务预算，故选项A不属于业务预算。

③现金余缺＝可供使用现金－现金支出。

④现金筹措与运用。

a. 现金余缺＜理想期末现金余额，表明现金不足，需要筹措现金，如（期初）出售有价证券或借入短期借款。

b. 现金余缺＞理想期末现金余额，表明现金多余，需要运用现金，如（期末）偿还短期借款或购入有价证券。

⑤期末现金余额＝现金余缺＋现金筹措－现金运用。

【例7·多选】编制现金预算时，如果现金余缺大于最佳现金持有量，则企业可采取的措施有（　　）。（2017年）

A. 销售短期有价证券　　　　　　B. 偿还部分借款利息

C. 购入短期有价证券　　　　　　D. 偿还部分借款本金

【答案】BCD

【解析】财务管理部门应根据现金余缺与理想期末现金余额的比较，并结合固定的利息支出数额以及其他因素，来确定预算期现金运用或筹措的数额。当现金余缺大于最佳现金持有量时，企业可以偿还部分借款的本金和利息，并购入短期有价证券使现金余缺回归到最佳现金持有量以内。

【例8·计算】甲公司在2016年第4季度按照定期预算法编制2017年度的预算，部分资料如下：

资料一：2017年1—4月的预计销售额分别为600万元、1 000万元、650万元和750万元。

资料二：公司的目标现金余额为50万元，经测算，2017年3月末预计"现金余缺"为30万元，公司计划采用短期借款的方式解决资金短缺。

资料三：预计2017年1—3月净利润为90万元，没有进行股利分配。

资料四：假设公司每月销售额于当月收回20%，下月收回70%，其余10%将于第三个月收回；公司当月原材料金额相当于次月全月销售额的60%，购货款于次月一次付清；公司第1、2月份短期借款没有变化。

资料五：公司2017年3月31日的预计资产负债表（简表）如下表所示：

资产	年初余额	月末余额	负债与股东权益	年初余额	月末余额
现金	50	（A）	短期借款	612	（C）
应收账款	530	（B）	应付账款	360	（D）
存货	545	＊	长期负债	450	＊
固定资产净额	1 836	＊	股东权益	1 539	（E）
资产总计	2 961	＊	负债与股东权益总计	2 961	＊

注：表内的"＊"为省略的数值。

要求：确定表格中字母所代表的数值。（不需要列示计算过程）（2017年）

【答案】
A＝50；B＝620；C＝632；D＝450；E＝1629。

【解析】
(1) 公司的目标现金余额为50万元，则A＝50（万元）
(2) B＝650×80%＋1 000×10%＝620（万元）
(3) 3月份新增短期借款＝50－30＝20（万元），则C＝612＋20＝632（万元）
(4) D＝750×60%＝450（万元）
(5) E＝1 539＋90＝1 629（万元）

(2) 利润表预算的编制
①预计财务报表编制顺序：**先编制预计利润表，后编制预计资产负债表**。
②预计利润表编制依据：**业务预算、专门决策预算、现金预算**。

(3) 资产负债表预算的编制

全面预算的终点。预计资产负债表是用来反映企业在计划期末预计的财务状况。它的编制需以计划期开始日的资产负债表为基础，然后根据计划期间各项预算的有关资料做必要的调整。

【例9·多选】 下列各项中，能够成为预计资产负债表中存货项目金额来源的有（　　）。（2017年）

A．销售费用预算　　　　　　　　B．直接人工预算
C．直接材料预算　　　　　　　　D．产品成本预算

【答案】CD

【解析】"存货"包括直接材料和产成品，影响这两项的预算是直接材料预算和产品成本预算，故选项CD正确。

第四节 预算的执行与考核

一、预算的执行

★ 考点1. 预算的执行

对于**预算内的资金拨付**，按照授权审批程序执行。对于预算外的项目支出，应当按预算管理制度规范程序支付。对于无合同、无凭证、无手续的项目支出，**不予支付**。

企业应当建立**预算报告制度**，要求各预算执行单位定期报告预算的执行情况。对于预算执行中发现的新情况、新问题及出现偏差较大的重大项目，企业财务管理部门以至预算委员会应当责成有关预算执行单位**查找原因**，**提出**改进经营管理的**措施和建议**。

企业财务管理部门应当利用财务报表监控预算的执行情况，**及时向预算执行单位、企业预算委员会以至董事会或经理办公会提供财务预算的执行进度、执行差异及其对企业预算目标的影响等财务信息**，促进企业完成预算目标。

【例1·判断】企业财务管理部门应当利用报表监控预算执行情况，及时提供预算执行进度、执行差异信息。（　　）（2012年）

【答案】√

【解析】企业财务管理部门应当利用报表监控预算的执行情况，及时向预算单位、企业预算管理委员会以至董事会或经理办公会提供财务预算的执行进度、执行差异及其对企业预算目标的影响等财务信息，促进企业完成预算目标，故本题说法正确。

二、预算的调整

★★ 考点1. 预算的调整

企业正式下达执行的财务预算，**一般不予调整**。

预算执行单位在执行中由于市场环境、经营条件、政策法规等发生重大变化，致使预算的编制基础不成立，或者将导致预算执行结果产生重大偏差的，**可以调整预算**。

企业调整预算，应当由预算执行单位**逐级**向企业财务预算委员会提出书面报告，企业财务管理部门应当对预算执行单位的预算调整报告进行审核分析，集中编制企业年度预算调整方案，提交预算委员会以至企业董事会或经理办公会审议批准，然后下达执行。

企业进行决策时，一般应当遵循以下要求：

首先，预算调整事项**不能偏离**企业发展战略。

其次，预算调整方案应当在经济上能够实现最优化。

最后，预算调整重点应当放在财务预算执行中出现的**重要的、非正常的、不符合常规的关键性差异**方面。

【例2·多选】在预算执行过程中，可能导致预算调整的情形有（　　）。（2016年）

A. 主要产品市场需求大幅下降

B. 营改增导致公司税负大幅下降

C. 原材料价格大幅度上涨
D. 公司进行重点资产重组

【答案】ABCD

【解析】企业正式下达的预算，一般不予调整。预算执行单位在执行中由于市场环境、经营条件、政策法规等发生重大变化，致使预算的编制基础不成立，或者将导致执行结果产生重大偏差的，可以调整预算，故选项ABCD皆正确。

三、预算的分析与考核

★考点1. 预算的分析与考核

第一，企业应当建立**预算分析制度**，由预算委员会定期召开预算执行分析会议，全面掌握预算的执行情况，研究解决预算执行中存在的问题，**纠正预算的执行偏差**。

第二，企业预算委员会应当**定期组织预算审计**，纠正预算执行中存在的问题，充分发挥内部审计的监督作用。

第三，预算年度终了，预算委员会应当向董事会或经理办公会报告预算执行情况，并依据预算完成情况和预算审计情况对预算执行单位进行考核。

第四，企业预算执行考核是企业绩效评价的主要内容，应当结合年度内部经济责任制进行考核，**与预算执行单位负责人的奖惩挂钩**，并作为企业内部人力资源管理的参考。

阶段1测评

第二阶段学习方案

学习方案一（90模块过单科）

承第一阶段学习方案一				
阶段—模块	学习、复习内容	检测	完成日期	定制调整内容
2-25	学习第四章第一节	—		
2-26	学习第四章第一节	—		
2-27	学习第四章第二节	—		
2-28	学习第四章第二节	—		
2-29	学习第四章第三节	—		
2-30	学习第四章第三节	—		
2-31	学习第四章第四节	—		
2-32	学习第四章第四节 复习第四章	检测2-1		
2-33	学习第五章第一节	—		
2-34	学习第五章第一节	—		
2-35	学习第五章第一节	—		
2-36	学习第五章第二节	—		
2-37	学习第五章第二节	—		
2-38	学习第五章第二节	—		
2-39	学习第五章第三节	—		
2-40	学习第五章第三节	—		
2-41	学习第五章第三、第四节	—		
2-42	学习第五章第四节	—		
2-43	学习第五章第四节 复习第四、第五章	检测2-2		
2-44	学习第六章第一节	—		
2-45	学习第六章第一节	—		
2-46	学习第六章第二节	—		
2-47	学习第六章第二节	—		
2-48	学习第六章第二节	—		
2-49	学习第六章第三节	—		
2-50	学习第六章第三节	—		
2-51	学习第六章第三节	—		
2-52	学习第六章第四节	—		
2-53	学习第六章第四节	—		
2-54	学习第六章第四节 复习第一至第六章	阶段2测评		

学习方案二（60模块过单科）

阶段—模块	学习、复习内容	检测	完成日期	定制调整内容
承第一阶段学习方案二				
2－16	学习第四章第一节	－		
2－17	学习第四章第二节	－		
2－18	学习第四章第二节	－		
2－19	学习第四章第三节	－		
2－20	学习第四章第三、第四节 复习第四章	检测2－1		
2－21	学习第五章第一节	－		
2－22	学习第五章第一、第二节	－		
2－23	学习第五章第三节	－		
2－24	学习第五章第三、第四节	－		
2－25	学习第五章第四节 复习第四、第五章	检测2－2		
2－26	学习第六章第一节	－		
2－27	学习第六章第二节	－		
2－28	学习第六章第二节	－		
2－29	学习第六章第三节	－		
2－30	学习第六章第三节	－		
2－31	学习第六章第四节	－		
2－32	学习第六章第四节 复习第一至第六章	阶段2测评		

学习方案三（30模块过单科）

阶段—模块	学习、复习内容	检测	完成日期	定制调整内容
承第一阶段学习方案三				
2－10	学习第四章第一、第二节	－		
2－11	学习第四章第二、第三节			
2－12	学习第四章第三、第四节 复习第四章	检测2－1		
2－13	学习第五章第一、第二节	－		
2－14	学习第五章第三、第四节 复习第四、第五章	检测2－2		
2－15	学习第六章第一、第二节	－		
2－16	学习第六章第三、第四节 复习第一至第六章	阶段2测评		

第二阶段通关宝典

第四章 筹资管理（上）

本章考情分析

思维导图

本章是非重点章，内容不多，难度不大。主要介绍了股权筹资和债务筹资的基础理论。各种筹资方式的特点是常考点。

从历年考试的情况来看，本章主要以客观题形式为主，平均分值在 8 分左右。

年 份 题 型	2014 年		2015 年		2016 年		2017 年卷一		2017 年卷二	
	题量	分值	题量	分值	题量	分值	题量	分值	题量	分值
单选题	4	4	4	4	4	4	4	4	4	4
多选题	1	2	1	2	1	2	2	4	2	4
判断题	1	1	1	1	2	2	1	1	1	1
计算题	-	-	-	-	-	-	-	-	-	-
综合题	-	-	-	-	-	-	-	-	-	-
合 计	-	7	-	7	-	8	-	9	-	9

第一节 筹资管理概述

一、企业筹资的动机

★★★ **考点1. 企业筹资的动机**

<u>企业筹资</u>，是指企业为了满足**经营活动**、**投资活动**、**资本结构管理**和其他需要，运用一定的筹资方式，通过一定的筹资渠道，筹措和获取所需资金的一种财务行为。

创立性	企业设立时，为取得资本金并形成开展经营活动的基本条件而产生的筹资动机
支付性	为满足经营业务活动的正常波动所形成的支付需要（超出维持正常经营活动资金需求的<u>季节性</u>、<u>临时性</u>的交易支付需要）而产生的（<u>临时性</u>）筹资动机
扩张性	企业因<u>扩大经营</u>规模或对外投资需要而产生的筹资动机
调整性	企业因调整资本结构而产生的筹资动机，其原因包括： (1) 优化资本结构，合理利用财务<u>杠杆效应</u> (2) 偿还到期债务，债务结构内部调整

【例1·单选】企业因发放现金股利的需要而进行筹资的动机属于（　　）。（2015年，2016年，2017年）

A. 扩张性筹资动机
B. 支付性筹资动机
C. 创立性筹资动机
D. 调整性筹资动机

【答案】B

【解析】支付性筹资动机，是指为了满足经营业务活动的正常波动所形成的支付需要而产生的筹资动机。在企业开展经营活动过程中，经常会出现超出维持正常经营活动资金需求的季节性、临时性的交易支付需要，如原材料购买的大额支付、员工工资的集中发放、银行借款的提前偿还、股东股利的发放等，故选项B正确。

二、筹资管理的内容

★★考点1. 筹资管理的内容

筹资活动是企业资金流转运动的起点。

（1）科学预计资金需要量
（2）合理安排筹资渠道、选择筹资方式
（3）降低资本成本、控制财务风险

资本成本是企业筹集和使用资金所付出的代价，包括**资金筹集费用**和**使用费用**。在资金筹集过程中，要发生**股票发行费**、**借款手续费**、**证券印刷费**、**公证费**、**律师费**等费用，这些属于**资金筹集费用**。在企业生产经营和对外投资活动中，要发生**利息支出**、**股利支出**、**融资租赁的资金利息**等费用，这些属于**资金使用费用**。

【例2·单选】下列各项中，属于资金使用费的是（　　）。（2017年）

A. 借款手续费 　　　　　B. 债券利息费
C. 借款公证费 　　　　　D. 债券发行费

【答案】B

【解析】资本成本是企业筹集和使用资金所付出的代价，包括资金筹集费用和使用费用。在资金筹集过程中，要发生股票发行费、借款手续费、证券印刷费、公证费、律师费等费用，这些属于资金筹集费用。在企业生产经营和对外投资活动中，要发生利息支出、股利支出、融资租赁的资金利息等费用，这些属于资金使用费用，故选项B正确。

三、筹资方式（注意分类）

考点1. 筹资方式（注意分类）

股权筹资： 吸收直接投资、发行股票、留存收益。
债务筹资： 发行债券、向金融机构借款、融资租赁、商业信用。

四、筹资的分类

★★★考点1. 筹资的分类

分类依据	类型	资本来源	特点
按企业所取得资金的权益特性不同	股权筹资	吸收直接投资、发行股票、内部积累等	(1) 不用还本，形成了永久性资本 (2) 财务风险小 (3) 付出的资本成本相对较高
	债务筹资	向金融机构借款、发行债券、融资租赁等	(1) 具有较大的财务风险 (2) 付出的资本成本相对较低
	衍生工具筹资	可转换债券、认股权证	兼具股权与债务筹资性质
按是否借助于金融机构为媒介来获取社会资金	直接筹资	发行股票、发行债券、吸收直接投资等	(1) 手续比较复杂，筹资费用较高 (2) 筹资领域广阔，能够直接利用社会资金 (3) 有利于提高企业的知名度和资信度
	间接筹资	银行借款、融资租赁等	(1) 手续相对比较简便，筹资效率高 (2) 筹资费用较低 (3) 容易受金融政策的制约和影响
按资金的来源范围不同	内部筹资	利润留存	无需花费筹资费用，从而降低了资本成本
	外部筹资	发行股票、债券、取得商业信用、银行借款等	需要花费一定的筹资费用，从而提高了筹资成本
按所筹集资金的使用期限不同	长期筹资	吸收直接投资、发行股票、发行债券、长期借款、融资租赁等	
	短期筹资	利用商业信用、短期借款、保理业务等	

【注意】永续债成为债券融资的一种新事物，其与普通债的主要区别在于：(1) 不设定债券的到期日；(2) 票面利率较高；(3) 含财务期权。(2018年新增)

【例3·判断】企业吸收直接投资有时能够直接获得所需的设备和技术，及时形成生产能力。（　　）(2015年, 2016年)

【答案】√

【解析】吸收直接投资不仅可以取得一部分货币资金，而且能够直接获得所需的先进设备和技术，尽快形成生产经营能力。

【例4·单选】下列筹资方式中，属于间接筹资的是（　　）。(2017年)

A. 银行借款　　　　　　　　　　B. 发行债券
C. 发行股票　　　　　　　　　　D. 合资经营

【答案】A

【解析】间接筹资，是企业借助银行和非银行金融机构而筹集资金。在间接筹资方式下，银行等金融机构发挥中介作用，预先集聚资金，然后提供给企业。间接筹资的基本方式是银行借款，此外还有融资租赁等方式。间接筹资，形成的主要是债务资金，主要用于满足企业资金周转的需要，故选项A正确。

【例5·单选】下列筹资方式中，既可以筹集长期资金，也可以融通短期资金的是（　　）。(2016年)

A. 向金融机构借款　　　　　　B. 发行股票
C. 利用商业信用　　　　　　　D. 吸收直接投资

【答案】A

【解析】向金融机构借款包括偿还期限超过1年的长期借款和不足1年的短期借款，故选项A正确。

五、筹资管理的原则

★ 考点1. 筹资管理的原则

（1）筹措合法
（2）规模适当
（3）取得及时
（4）来源经济
（5）结构合理

第二节　债务筹资

一、银行借款

★★★ 考点1. 银行借款

（1）银行借款概述

①**提供机构**：政策性银行、商业银行、其他金融机构。

②**用途**：基本建设贷款、专项贷款、流动资金贷款。

③**担保要求**。

a. 信用贷款：风险较高，银行通常要收取较高的利息，往往还要附加一定的限制条件。

b. 担保贷款：保证贷款、抵押贷款、质押贷款。

保证贷款	以第三方作为保证人承诺在借款人不能偿还借款时，按约定承担一定保证责任或连带责任
抵押贷款	债务人或第三方不转移对财产的占有；抵押品可以是不动产、机器设备、交通运输工具、依法有权处分的土地使用权、有价证券等
质押贷款	债务人或第三方将其动产或财产权移交债权人占有；质押品可以是信用凭证、有价证券、依法可转让的商标专用权、专利权、著作权中的财产权等

【例1·单选】企业可以将某些资产作为质押品向商业银行申请质押贷款。下列各项中，不能作为质押品的是（　　）。（2014年）

A. 厂房　　　　B. 股票　　　　C. 汇票　　　　D. 专利权

【答案】A

【解析】作为贷款担保的质押品，可以是汇票、支票、债券、存款单、提单等信用凭证，也可以是依法可以转让的股份、股票等有价证券，以及依法可以转让的商标专用权、专利权、著作权中的财产权等，故选项A正确。

(2) 长期借款的保护性条款

例行性保护条款	①定期向提供贷款的金融机构提交财务报表 ②保持存货储备量，不准在正常情况下出售较多的非产成品存货 ③及时清偿债务 ④不准以资产作其他承诺的担保或抵押 ⑤不准贴现应收票据或出售应收账款
一般性保护条款	①保持企业的资产流动性 ②限制企业非经营性支出 ③限制企业资本支出的规模 ④限制公司再举债规模 ⑤限制公司的长期投资
特殊性保护条款	①要求公司的主要领导人购买人身保险 ②借款的用途不得改变 ③违约惩罚条款

【例2·判断】长期借款的例行性保护条款，一般性保护条款，特殊性保护条款可结合使用，有利于全面保护债权人的权益。( )（2017年）

【答案】√

【解析】长期借款的保护性条款包括例行性保护条款、一般性保护条款和特殊性保护条款。上述各项条款结合使用，将有利于全面保护银行等债权人的权益。

(3) 银行借款的筹资特点

优点	①筹资速度快；②资本成本较低；③筹资弹性较大
缺点	①限制条款多；②筹资数额有限

【例3·单选】与发行公司债券相比，银行借款筹资的优点是( )。（2017年）

A. 资本成本较低
B. 资金使用的限制条件少
C. 能提高公司的社会声誉
D. 单次筹资数额较大

【答案】A

【解析】与发行公司债券相比，银行借款的筹资优点：(1) 筹资速度快；(2) 资本成本较低；(3) 筹资弹性较大。故选项A正确。

二、发行公司债券

★考点1. 发行公司债券

(1) 公司债券的种类

是否记名	记名债券、无记名债券
是否能转换成公司股权	可转换债券、不可转换债券
有无特定财产担保	担保债券、信用债券

(2) 债券的偿还

当公司资金有结余时，可提前赎回债券；当预测利率下降时，也可提前赎回债券，而后以较低的利率来发行新债券。

(3) 发行公司债券的筹资特点

优点	①一次筹资数额大；②募集资金的使用限制条件少；③提高公司的社会声誉
缺点	资本成本负担较高

三、融资租赁

★★★ 考点 1. 融资租赁

(1) 融资租赁的含义

租赁公司按承租单位要求出资购买设备，在**较长的合同期内**提供给承租单位使用的融资信用业务，以融通资金为主要目的。

(2) 融资租赁的基本形式

① <u>直接租赁</u>。

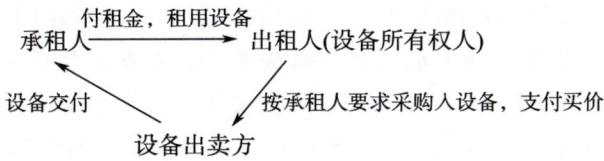

② <u>售后回租</u>。

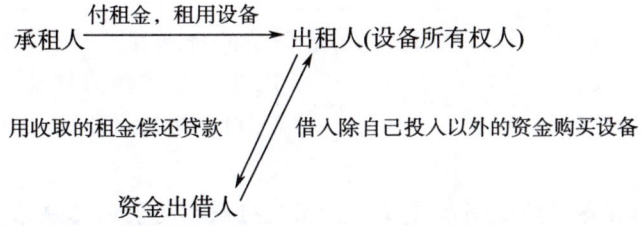

③ <u>杠杆租赁</u>。

【注意】该资产的所有权属于出租方。出租人既是债权人也是债务人，如果出租人到期不能按期偿还借款，资产的所有权则转移给资金的出借者。

【例 4·多选】下列关于杠杆租赁的表述中，正确的有（　　）。(2017 年)

A. 出租人既是债权人又是债务人

B. 涉及出租人、承租人和资金出借人三方当事人

C. 租赁的设备通常是出租方已有的设备

D. 出租人只投入设备购买款的部分资金

【答案】ABD

【解析】租赁的设备通常是出租人根据设备需要者的要求重新购买的,故选项C不正确。

(3) 融资租赁的租金计算

①租金的构成。

设备原价及预计残值	包括<u>设备买价</u>、<u>运输费</u>、<u>安装调试费</u>、<u>保险费</u>等,以及该设备租赁期满后<u>出售可得的收入</u>
利息	租赁公司为承租企业购置设备垫付资金所应支付的利息
手续费	租赁公司承办租赁设备所发生的业务费用和必要的利润

②租金的支付方式。大多为后付等额年金。

③租金的计算。租金的计算大多采用等额年金法。

【例5·单选】下列各项中,不计入融资租赁租金的是( )。(2013年,2017年)

A. 租赁手续费

B. 承租公司的财产保险费

C. 租赁公司垫付资金的利息

D. 设备的买价

【答案】B

【解析】融资租赁每期租金的多少,取决于以下几项因素:(1)设备原价及预计残值。包括设备买价、运输费、安装调试费、保险费等,以及指设备租赁期满后出售可得的收入;(2)利息,指租赁公司为承租企业购置设备垫付资金所应支付的利息;(3)租赁手续费,指租赁公司承办租赁设备所发生的业务费用和必要的利润。故选项B正确。

(4) 融资租赁的筹资特点

优点	①<u>无需大量资金</u>就能<u>迅速获得资产</u> ②<u>财务风险小</u>,财务优势明显 ③筹资的<u>限制条件较少</u> ④能<u>延长资金融通</u>的<u>期限</u>
缺点	<u>资本成本负担较高</u>

【例6·多选】与发行股票筹资相比,融资租赁的特点有( )。(2016年)

A. 筹资限制条件较少

B. 形成生产能力较快

C. 资本成本负担较低

D. 财务风险较小

【答案】ABC

【解析】融资租赁筹资的限制条件较少,而发行股票筹资的限制条件较多,故选项A正确;由于融资租赁将融资与融物相结合,筹资速度快,有利于较快形成生产能力,故选项B正确;由于融资租赁为负债筹资,其资本成本低于发行股票筹资,故选项C正确;由于融资租赁为负债筹资,定期支付租金,所以财务风险大于发行股票筹资,故选项D错误。

四、债务筹资的优缺点

★★★考点1. 债务筹资的优缺点

债务筹资的<u>总体特征</u>（相对于股权筹资）——**低成本、高风险、稳定控制权**。

优点	①筹资<u>速度较快</u> ②筹资<u>弹性较大</u> ③<u>资本成本负担较轻</u> ④可以<u>利用财务杠杆</u> ⑤稳定公司的<u>控制权</u>
缺点	①<u>不能形成企业稳定的资本基础</u> ②<u>财务风险较大</u> ③<u>筹资数额有限</u>

【例7·多选】与股权筹资方式相比，下列各项中，属于债务筹资方式优点的有（　　）。(2017年)

A. 资本成本低　　　　　　　B. 筹资规模大
C. 财务风险较低　　　　　　D. 筹资弹性较大

【答案】AD

【解析】一般来说，债务筹资的资本成本要低于股权筹资。其一是取得资金的手续费用等筹资费用较低，其二是利息、租金等用资费用比股权资本要低，其三是利息等资本成本可以在税前支付，故选项A正确。利用债务筹资，可以根据企业的经营情况和财务状况，灵活地商定债务条件，控制筹资数量，安排取得资金的时间，故选项D正确。

【例8·单选】与股票筹资相比，下列各项中，属于债务筹资缺点的是（　　）。(2014年)

A. 财务风险较大　　　　　　B. 资本成本较高
C. 稀释股东控制权　　　　　D. 筹资灵活性小

【答案】A

【解析】债务筹资的缺点有：不能形成企业稳定的资本基础、财务风险较大、筹资数额有限。

第三节　股权筹资

一、吸收直接投资

★★★考点1. 吸收直接投资

（1）出资方式

以**货币**资产出资；以**实物**资产出资；以**土地使用权**出资；以**工业产权**出资，工业产权通常是指专有技术、商标权、专利权、非专利技术等无形资产；以**特定债权**出资。

（2）筹资特点

优点	①能够尽快形成生产能力 ②容易进行信息沟通 ③资本成本较高 ④手续相对比较简便，筹资费用较低
缺点	①企业控制权集中，不利于企业治理 ②不利于进行产权交易

【例1·多选】下列各项中，能够作为吸收直接投资出资方式的有（   ）。(2017年)

A. 特许经营权　　　　　　　　　B. 土地使用权
C. 商誉　　　　　　　　　　　　D. 非专利技术

【答案】BD

【解析】吸收直接投资的出资方式包括：（1）以货币资产出资；（2）以实物资产出资；（3）以土地使用权出资；（4）以工业产权出资，工业产权通常是指专有技术、商标权、专利权、非专利技术等无形资产。此外，国家相关法律法规对无形资产出资方式另有限制，股东或者发起人不得以劳务、信用、自然人姓名、商誉、特许经营权或者设定担保的财产等作价出资；（5）以特定债权出资。故选项B、D正确。

【例2·单选】与发行股票筹资相比，吸收直接投资的优点是（   ）。(2015年，2016年)

A. 易于进行产权交易　　　　　　B. 资本成本较低
C. 有利于提高公司声誉　　　　　D. 筹资费用较低

【答案】D

【解析】吸收直接投资不利于进行产权交易，选项A错误；相对于股票筹资来说，吸收直接投资的资本成本较高，选项B错误；发行股票筹资的优点是能增强公司的社会声誉，选项C错误；吸收直接投资筹资费用较低，选项D正确。

二、发行普通股股票

★★★考点1. 发行普通股股票

（1）股票的特征与股东的权利

①股票的特征。

永久性、 流通性、 风险性和参与性。

②股东的权利。

公司管理权	主要体现在重大决策参与权、经营者选择权、财务监控权、公司经营的建议和质询权、股东大会召集权等方面
收益分享权	股东有权通过股利方式获取公司的税后利润，利润分配方案由董事会提出并经过股东大会批准
股份转让权	股东有权将其所持有的股票出售或转让
优先认股权	原有股东拥有优先认购本公司增发股票的权利
剩余财产要求权	当公司解散、清算时，股东有对清偿债务、清偿优先股股东以后的剩余财产索取的权利

【例3·单选】下列各项优先权中，属于普通股股东所享有的一项权利是（　　）。(2017年)

A. 优先剩余财产分配权　　　　B. 优先股利分配权

C. 优先股份转让权　　　　　　D. 优先认股权

【答案】D

【解析】股东最基本的权利是按投入公司的股份额，依法享有公司收益获取权、公司重大决策参与权和选择公司管理者的权利，并以其所持股份为限对公司承担责任。其中包括：(1) 公司管理权；(2) 收益分享权；(3) 股份转让权；(4) 优先认股权；(5) 剩余财产要求权。故选项D正确。

(2) 股份有限公司股票的发行与上市

①股票的发行方式。

	公开间接发行	非公开直接发行
含义	通过中介机构，向社会公众公开发行	只向少数特定的对象直接发行
优点	a. 发行范围广，易于足额筹集资本，提高发行公司的知名度和扩大影响力 b. 有利于降低财务风险	弹性大，节省发行费用。有利于引入战略投资者
缺点	审批手续复杂严格，发行成本高	发行范围小，不易及时足额筹集资本，股票变现性差

【例4·单选】与公开间接发行股票相比，非公开直接发行股票的优点是（　　）。(2017年)

A. 有利于筹集足额的资本

B. 有利于引入战略投资者

C. 有利于降低财务风险

D. 有利于提升公司知名度

【答案】B

【解析】公开间接发行，这种发行方式的发行范围广，有利于提升公司的知名度，发行对象多，易于足额筹集资本，所以财务风险较低，故选项ACD是公开间接发行股票的优点。

②股票上市的目的与不利影响。

股票上市的目的	股票上市的不利影响
a. 便于筹措新资金 b. 促进股权流通和转让 c. 便于确定公司价值	a. 上市成本较高，手续复杂严格 b. 负担较高的信息披露成本 c. 信息公开的要求可能会暴露公司的商业机密 d. 股价有时会歪曲公司的实际情况，影响公司声誉 e. 可能会分散公司的控制权，造成管理上的困难

【例5·多选】股票上市对公司可能的不利影响有（　　）。(2017年)

A. 商业机密容易泄露

B. 公司价值不易确定

C. 资本结构容易恶化

D. 信息披露成本较高

【答案】AD

【解析】股票上市交易便于确定公司价值。股票上市后，公司股价有市价可循，便于确定公司的价值。对于上市公司来说，即时的股票交易行情，就是对公司价值的市场评价。同时，市场行情也能够为公司收购兼并等资本运作提供询价基础，故B选项的表述不正确。但股票上市也有对公司不利的一面，主要有：上市成本较高，手续复杂严格；公司将负担较高的信息披露成本；信息公开的要求可能会暴露公司商业机密；股价有时会歪曲公司的实际情况，影响公司声誉；可能会分散公司的控制权，造成管理上的困难，故AD正确。

（3）上市公司定向增发的优势

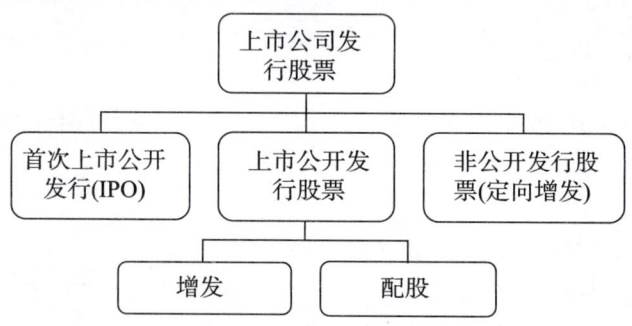

①有利于**引入战略投资者和机构投资者**。

②有利于利用上市公司的市场化估值溢价，**将母公司资产通过资本市场放大**，从而**提升母公司的资产价值**。

③定向增发是一种主要的并购手段，特别是资产并购型定向增发，有利于**集团企业整体上市**，并同时**减轻并购的现金流压力**。

（4）发行普通股的筹资特点

①两权分离，有利于**公司自主经营管理**。

②资本成本较高。

③能增强公司的社会声誉，**促进股权流通和转让**。

④**不易及时形成生产能力**。

【例6·单选】与配股相比，定向增发的优势是（　　）。（2017年）

A. 有利于社会公众参与

B. 有利于保持原有的股权结构

C. 有利于促进股权的流通转让

D. 有利于引入战略投资者和机构投资者

【答案】D

【解析】上市公司定向增发优势在于：（1）有利于引入战略投资者和机构投资者，故选项D正确；（2）有利于利用上市公司的市场化估值溢价，将母公司资产通过资本市场放大，从而提升母公司的资产价值；（3）定向增发是一种主要的并购手段，特别是资产并购型定向增发，有利于集团企业整体上市，并同时减轻并购的现金流压力。

三、留存收益

★★★ **考点1. 留存收益**

（1）留存收益的性质

企业通过合法有效地经营所实现的**税后净利润**，都属于**企业的所有者**。因此，属于所有者的利润包括**分配给所有者**的利润和**尚未分配**留存于企业的利润。

（2）留存收益的筹资途径

①提取**盈余公积金**。

a. 主要用于企业未来的经营发展，经投资者审议后也可以用于**转增股本**（**实收资本**）和弥补以前年度经营亏损。

b. **不得用于以后年度的对外利润分配**。

②未分配利润。

（3）留存收益筹资的特点

优点	①不用发生筹资费用 ②维持公司的控制权分布
缺点	筹资数额有限

【例7·单选】下列关于留存收益筹资的表述中，错误的是（　　）。（2014年）

A. 留存收益筹资可以维持公司的控制权结构

B. 留存收益筹资不会发生筹资费用，因此没有资本成本

C. 留存收益来源于提取的盈余公积金和留存于企业的利润

D. 留存收益筹资有企业的主动选择，也有法律的强制要求

【答案】B

【解析】留存收益筹资虽然不会发生筹资费用，但是留存收益筹资是有机会成本的，故选项B错误。

【例8·多选】下列各项中，属于盈余公积金用途的有（　　）。（2015年）

A. 弥补亏损　　　B. 转增股本　　　C. 扩大经营　　　D. 分配股利

【答案】ABC

【解析】盈余公积金主要用于企业未来的经营发展，经投资者审议后也可以用于转增股本（实收资本）和弥补以前年度经营亏损。盈余公积不得用于以后年度的对外利润分配。故选项ABC正确。

四、股权筹资的优缺点

★★ **考点1. 股权筹资的优缺点**

优点	①股权筹资是企业稳定的<u>资本基础</u> ②股权筹资是企业良好的<u>信誉基础</u> ③企业的<u>财务风险较小</u>
缺点	①<u>资本成本负担较重</u> ②<u>控制权变更可能影响企业长期稳定发展</u> ③<u>信息沟通与披露成本较大</u>

【注意】财务风险从低到高：权益资金＜发行可转换债券＜融资租赁＜发行公司债券。

【例9·单选】下列各种筹资方式中，最有利于降低公司财务风险的是（　　）。（2015年）

A. 发行普通股
B. 发行优先股
C. 发行公司债券
D. 发行可转换债券

【答案】A

【解析】财务风险从低到高：权益资金、发行可转换债券、融资租赁、发行公司债券，所以财务风险最低的是发行普通股，优先股是介于债务和权益之间的，故选项A正确。

第四节　衍生工具筹资

一、可转换债券

★★★考点1. 可转换债券

（1）可转换债券的基本性质

①证券期权性。可转换债券实质上是一种未来的买入期权。

②资本转换性。可转换债券在正常持有期，属于债权性质；转换成股票后，属于股权性质。

③赎回与回售。

（2）可转换债券的要素

①转换比率。转换比率＝债券面值÷转换价格。

②赎回条款。设置赎回条款最主要的功能是强制债券持有者积极行使转股权，因此又被称为加速条款，同时也能使发债公司避免在市场利率下降后，继续向债券持有人支付较高的票面利率所蒙受的损失。

③回售条款。回售对于投资者而言实际上是一种卖权，有利于降低投资者的持券风险。

④强制性转换条款。公司可设置强制性转换条款保证可转换债券顺利地转换成股票，预防投资者到期集中挤兑引发公司破产的悲剧。

（3）可转换债券的筹资特点

①筹资灵活。
②资本成本较低。
③筹资效率高。
④存在不转换的财务压力。

⑤存在回售的财务压力。

【例1·多选】 下列可转换债券条款中，有利于保护债券发行者利益的有（　　）。(2016年)

A. 赎回条款

B. 回售条款

C. 强制性转换条款

D. 转换比率条款

【答案】 AC

【解析】 选项A、C有利于保护发行者利益，选项B有利于保护投资人利益。

【例2·判断】 可转换债券的持有人具有在未来按一定的价格购买普通股股票的权利，因为可转换债券具有买入期权的性质。（　　）(2014年)

【答案】 √

【解析】 可转换债券的持有人具有在未来按一定的价格购买普通股股票的权利，因此，可转换债券具有买入期权的性质。

二、认股权证

★★考点1. 认股权证

认股权证是一种由上市公司发行的**证明文件**，持有人有权在一定时间内按约定价格认购该公司发行的一定数量的股票。

（1）认股权证的基本性质

①认股权证的**期权性**。

②认股权证是一种**投资工具**。

（2）认股权证的筹资特点

①是一种**融资促进工具**。

②有助于改善上市公司的**治理结构**。

③有利于**推进**上市公司的**股权激励机制**。

【例3·判断】 可转换债券是常用的员工激励工具，可以把管理者和员工的利益与企业价值成长紧密联系在一起。（　　）(2017年)

【答案】 ×

【解析】 认股权证是常用的员工激励工具，通过给予管理者和重要员工一定的认股权证，可以把管理者和员工的利益与企业价值成长紧密联系在一起，建立一个管理者与员工通过提升企业价值实现自身财富增值的利益驱动机制。

三、优先股

★★★考点1. 优先股

（1）优先股的基本性质

约定股息	相对于普通股而言，优先股的股利收益是<u>事先约定</u>的，也是<u>相对固定的</u>
权利优先	优先股股东在每<u>年度利润分配</u>和<u>剩余财产清偿分配</u>方面，具有比普通股股东优先的权利
权利范围小	优先股股东一般<u>没有选举</u>和<u>被选举权</u>，对股份公司的重大经营事项无表决权。仅在股东大会表决与优先股股东自身利益直接相关的特定事项时，具有<u>有限表决权</u>

（2）优先股的特点

①有利于丰富资本市场的**投资结构**。
②有利于股份公司**股权资本结构**的**调整**。
③有利于保障**普通股收益和控制权**。
④有利于**降低公司财务风险**。
⑤可能给股份公司带来一定的**财务压力**。

【例4·单选】下列关于优先股筹资的表述中，不正确的是（　　）。（2017年）
A. 优先股筹资有利于调整股权资本的内部结构
B. 优先股筹资兼有债务筹资和股权筹资的某些性质
C. 优先股筹资不利于保障普通股的控制权
D. 优先股筹资会给公司带来一定的财务压力
【答案】C
【解析】优先股的每股收益是固定的，只要净利润增加并且高于优先股股息，普通股的每股收益就会上升。另外，优先股股东无特殊情况没有表决权，因此不影响普通股股东对企业的控制权，所以优先股有利于保障普通股的控制权，故选项C不正确。

【例5·多选】一般而言，与发行普通股相比，发行优先股的特点有（　　）。（2017年）
A. 可以降低公司的资本成本
B. 可以增加公司的财务杠杆效应
C. 可以保障普通股股东的控制权
D. 可以降低公司的财务风险
【答案】ABC
【解析】相对于普通股而言，优先股的股利收益是事先约定的，也是相对固定的。由于优先股的股息率事先已经作规定，因此优先股的股息一般不会根据公司经营情况而变化，并且在上市公司有可分配税后利润的情况下必须向优先股股东分配股息。因此财务风险比较高，故选项D不正确。

检测2-1

第五章 筹资管理（下）

本章考情分析

思维导图

本章为重点章，主要介绍资金需要量预测、资本成本、杠杆效应以及资本结构决策等。

本章主观题和客观题都可能出现，并以主观题为主，特别是与其他章节合并考综合题，平均分值在 14 分左右。计算题和综合题的出题点主要集中在资金需求量预测的销售百分比法和资金习性预测法、个别资本成本和平均资本成本的计算、杠杆系数的计算以及每股收益分析法的计算和决策。

年份 题型	2014 年		2015 年		2016 年		2017 年卷一		2017 年卷二	
	题量	分值	题量	分值	题量	分值	题量	分值	题量	分值
单选题	3	3	3	3	2	2	2	2	1	1
多选题	1	2	1	2	1	2	1	2	1	2
判断题	1	1	1	1	-	-	-	-	-	-
计算题	-	-	-	-	1	5	-	-	-	-
综合题	1	7	1	9	1	6	1	2	1	13
合计	-	13	-	15	-	15	-	7	-	17

第一节 资金需要量预测

一、因素分析法

★★ **考点 1. 因素分析法**

（1）计算公式

资金需要量 =（基期资金平均占用额 - 不合理资金占用额）×（1 + 预测期销售增长率）×（1 - 预测期资金周转速度增长率）

【注意】如果预测期销售<u>增加</u>，则用（1 + 预测期销售增加率）；反之用"减"。如果预测期资金周转速度<u>加快</u>，则应用（1 - 预测期资金周转速度增长率）；反之用"加"。

【例子】甲企业上年度资金平均占用额为 2 200 万元，经分析，其中不合理部分 200 万元，预计本年度销售增长 5%，资金周转加速 2%。要求计算预测年度资金需要量。

预测年度资金需要量
= （2 200 - 200）×（1 + 5%）×（1 - 2%）= 2 058（万元）

【例 1·单选】某公司 2016 年度资金平均占用额为 4 500 万元，其中不合理部分占 15%，预计 2017 年销售增长率为 20%，资金周转速度不变，采用因素分析法预测的

2017年度资金需求量为（　　）万元。(2017年)

　　A.4 590　　　　　　B.4 500　　　　　　C.5 400　　　　　　D.3 825

【答案】A

【解析】资金需要量=（基期资金平均占用额－不合理资金占用额）×（1+预测期销售增长率）×（1－预测期资金周转速度增长率）=（4 500－4 500×15%）×（1+20%）×（1－0）=4 590（万元），因此选项A正确。

二、销售百分比法

★★考点1. 销售百分比法

<u>销售百分比法</u>首先假设某些资产与销售额存在稳定的百分比关系，根据销售与资产的比例关系预计资产额，根据资产额预计相应的负债和所有者权益，进而确定筹资需求量。

（1）基本原理

①经营性（敏感）资产或负债——随销售额的变动成正比例变动，与销售额的比值（销售百分比）不变。

经营性资产（敏感资产）	货币资金、应收账款、存货等项目
经营性负债（敏感负债）	产生于经营活动（供产销环节），可为企业提供暂时性资金，亦称自发性负债、自动性负债等项目，包括应付票据、应付账款等项目

【注意】如果企业资金周转的营运效率保持不变，经营性资产项目与经营性负债项目将会随销售额的变动而呈正比例变动，保持稳定的百分比关系。

②筹资性负债。产生于筹资活动，包括**短期借款**、**短期融资券**、**长期负债**等项目。

【例2·单选】根据资金需要量预测的销售百分比法，下列负债项目中，通常会随销售额变动而呈正比例变动的是（　　）。(2016年)

　　A.短期融资券　　　　B.短期借款　　　　C.长期负债　　　　D.应付票据

【答案】D

【解析】经营负债项目包括应付票据、应付账款等项目，不包括短期借款、短期融资券、长期负债等筹资性负债，根据销售百分比法，经营负债是随销售收入变动而变动的项目，选项D正确。

三、资金习性预测法

★考点1. 资金习性预测法

（1）根据资金占用总额与产销量的关系预测

资金总额（Y）=不变资金（a）+（变动资金×产销量）(bx)

（2）采用逐项分析法预测

高低点：一定时期内，最高和最低的销售量（额）。

高低点是两个销售量（额）水平，而不是两个资金总额水平，即：

高点（x 高）的资金总额（y 高）不一定最大；低点（x 低）的资金总额（y 低）不一定最小。

$$\begin{cases} 高点：y_{高} = a + bx_{高} \\ 低点：y_{低} = a + bx_{低} \end{cases}$$

【例 3 · 单选】某公司 2002—2016 年度销售收入和资金占用的历史数据分别为 (800，18)，(760，19)，(1 000，22)，(1 100，21)，运用高低点法分离资金占用中的不变资金与变动资金时，应采用的两组数据是（　　）。(2017 年)

A. (760，19) 和 (1 000，22)
B. (760，19) 和 (1 100，21)
C. (800，18) 和 (1 000，22)
D. (800，18) 和 (1 100，21)

【答案】B

【解析】采用高低点法来计算现金占用项目中不变资金和变动资金的数额，应该采用销售收入的最大值和最小值作为最高点和最低点，故应该选择 (760，19) 和 (1 100，21)，选项 B 正确。

第二节　资本成本

★★考点1. 资本成本

<u>资本成本</u>是衡量**资本结构优化程度**的标准，也是对投资获得经济效益的最低要求。

（1）资本成本的含义

<u>资本成本</u>是指企业为筹集和使用资本而付出的代价，包括**筹资费用**和**占用费用**。留存收益筹资没有筹资费，但是有占用费，因此存在资本成本。

【注意】占用费是指企业在资本使用过程中因占用资本而付出的代价，如向银行等债权人支付的利息，向股东支付的股利等。此外，发行债券、发行短期票据需要支付利息费用，发行优先股需要支付优先股股利。

（2）影响资本成本的因素

①总体经济环境。

②资本市场条件。

③企业经营状况和融资状况。企业的经营风险和财务风险共同构成企业总体风险，如果企业经营风险高，财务风险大，则企业总体风险水平高，投资者要求的预期报酬率高，企业筹资的资本成本相应就大。

④企业对筹资规模和时限的需求。

【例 1 · 判断】资本成本率是企业用以确定项目要求达到的投资报酬率的最低标准。（　　）(2015 年)

【答案】√

【解析】资本成本是衡量资本结构优化程度的标准，也是对投资获得经济效益的最低要求，通常用资本成本率表示，表述正确。

【例2·单选】 下列各种筹资方式中，企业无需支付资金占用费的是（　　）。(2015年)

A. 发行债券　　　　　　　　　　B. 发行优先股

C. 发行短期票据　　　　　　　　D. 发行认股权证

【答案】D

【解析】发行债券、发行短期票据需要支付利息费用，发行优先股需要支付优先股股利，这些筹资方式均需支付资金占用费。而发行认股权证不需要支付资金占用费，故选项D正确。

★★★考点2. 资本成本的计算

（1）个别资本成本的计算

①银行借款的资本成本率。

$$债务成本 = \frac{年利息 \times (1-所得税税率)}{筹资总额为 \times (1-筹资费用率)}$$

若：筹资总额＝计息基数，如平价银行借款筹资，则：

$$债务成本 = \frac{年利率 \times (1-所得税税率)}{1-筹资费用率}$$

在此基础上，若忽视筹资费用，则：

债务成本＝年利率×(1－所得税税率)

②公司债券的资本成本率。

$$债券资本成本率 = \frac{年利息 \times (1-所得税税率)}{债券筹资总额 \times (1-手续费率)}$$

若：债券筹资总额＝计息基数，如平价发行债券筹资，则：

$$债券资本成本率 = \frac{年利息 \times (1-所得税税率)}{1-手续费率}$$

③优先股的资本成本。

固定股息率优先股（各期股利相等）

$$优先股资本成本率 = \frac{年固定股息}{发行价格 \times (1-筹资费用率)}$$

④普通股的资本成本。

a. 股利增长模型法——"股票内部收益率"公式的应用（参见"投资管理"）。

$$K_s = \frac{D_1}{P_0(1-f)} + g = \frac{D_0(1+g)}{P_0(1-f)} + g$$

D_1代表下期（预计第1年末）获得的股利；

D_0代表当期（0时点）获得的股利。

b. 资本资产定价模型法。

假定资本市场有效，股票市场价格与价值相等，无风险报酬率为R_f，市场平均报酬率为R_m，某股票贝塔系数为β，则普通股资本成本为：

$$K_s = R_f + \beta \times (R_m - R_f)$$

⑤留存收益的资本成本。

计算方法与普通股成本相同。

【注意】留存收益作为内部融资来源，在应用股利增长模型法时，不考虑筹资费用。

(2) 平均资本成本（综合资本成本）的计算

①含义。以各项个别资本在企业总资本中的比重为权数，对各项个别资本成本率进行加权平均而得到的总资本成本率。计算公式为：

$$K_W = \sum_{j=1}^{n} K_j W_j$$

K_W 表示平均资本成本，K_j 表示第 j 种个别资本成本率；W_j 表示第 j 种个别资本成本在全部资本中的比重。

【例子】A 资本所占比重为 10%，资本成本率为 0.6；B 资本所占比重为 20%，资本成本率为 0.5；C 资本所占比重为 70%，资本成本率为 0.7。所以 A、B、C 资本的平均资本成本为：

$K_W = 10\% \times 0.6 + 20\% \times 0.5 + 70\% \times 0.7 = 0.65$

②权数的确定。

权数	含义	优缺点
账面价值权数	以会计报表账面价值为基础来计算资本权数	优点：资料容易取得，计算结果比较稳定 缺点：不能反映目前从资本市场上筹集资本的现时机会成本，不适合评价现时的资本结构
市场价值权数	以现行市价为基础来计算资本权数	优点：能够反映现时的资本成本水平，有利于进行资本结构决策 缺点：现行市价处于经常变动之中，不容易取得；现行市价反映的只是现时的资本结构，不适用未来的筹资决策
目标价值权数	以预计的未来价值（未来的市场价值或未来的账面价值）为基础来确定资本权数	优点：适用于未来的筹资决策 缺点：目标价值的确定难免具有主观性

【例3·计算】甲公司 2015 年年末长期资本为 5 000 万元，其中长期银行借款 1 000 万元，年利率为 6%，所有者权益（包括普通股股本和留存收益）为 4 000 万元，公司计划在 2016 年追加筹集资金 5 000 万元，其中按面值发行债券 2 000 万元，票面年利率为 6.86%，期限 5 年，每年付息一次，到期一次还本，筹资费率为 2%，发行优先股筹资 3 000 万元，固定股息率为 7.76%，筹资费用率为 3%，公司普通股 β 系数为 2，一年期国债利率为 4%，市场平均报酬率为 9%，公司适用的所得税税率为 25%，假设不考虑筹资费用对资本结构的影响，发行债券和优先股不影响借款利率和普通股股价。(2016 年)

要求：

(1) 计算甲公司长期银行借款的资本成本；

(2) 计算发行债券的资本成本（不用考虑货币时间价值）；

(3) 计算甲公司发行优先股的资本成本；

(4) 利用资本资产定价模型计算甲公司留存收益的资本成本；

(5) 计算加权平均资本成本。

【答案】
（1）借款资本成本 =6%×（1 -25%）=4.5%
（2）债券资本成本 =6.86%×（1 -25%）÷（1 -2%）=5.25%
（3）优先股资本成本 =7.76%÷（1 -3%）=8%
（4）留存收益资本成本 =4% +2×（9% -4%）=14%
（5）加权平均资本成本
 =1 000÷10 000×4.5% +4 000÷10 000×14% +2 000÷10 000×5.25% +3 000÷10 000×8% =9.5%。

【例4·单选】某公司向银行借款2 000万元，年利率为8%，筹资费率为0.5%，该公司适用的所得税税率为25%，则该笔借款的资本成本是（　　）。（2015年）

A. 6.00%　　　　　　　　　　B. 6.03%
C. 8.00%　　　　　　　　　　D. 8.04%

【答案】B

【解析】K_b =8%×（1 -25%）÷（1 -0.5%）=6.03%。所以，选项B正确。

第三节　杠杆效应

★★★考点1. 杠杆效应

（1）经营风险与财务风险

项目	经营风险	财务风险
含义	由于生产经营上的原因而导致的资产报酬波动的风险	由于筹资原因产生的资本成本负担而导致的普通股收益波动的风险
致险因素	市场需求和生产成本等因素的不确定性	资产报酬的不利变化和资本成本的固定负担

（2）经营杠杆与财务杠杆

名称		公式	影响因素
经营杠杆	定义	$DOL = \dfrac{\Delta EBIT / EBIT_0}{\Delta Q / Q_0} = \dfrac{息税前利润变动率}{产销业务量变动率}$	固定成本比重越<u>高</u>、成本水平越<u>高</u>、产品销售数量和销售价格水平越<u>低</u>，杠杆效应越<u>大</u>，<u>反之亦然</u>
	计算	$DOL = \dfrac{M_0}{M_0 - F_0} = \dfrac{EBIT_0 + F_0}{EBIT_0} = \dfrac{基期边际贡献}{基期息税前利润}$	
财务杠杆	定义	$DFL = \dfrac{EPS 变动率}{EBIT 变动率}$	债务成本比重越<u>高</u>、固定的资本成本支付额越<u>高</u>、息税前利润水平越<u>低</u>，财务杠杆效应越<u>大</u>，<u>反之亦然</u>
	计算	$DFL = \dfrac{基期息税前利润}{基期利润总额} = \dfrac{EBIT_0}{EBIT_0 - I_0 - \dfrac{D_P}{1-T}}$	

【例1·多选】下列各项因素中，影响经营杠杆系数计算结果的有（　　）。（2014年）

A. 销售单价　　　　　　　　B. 销售数量
C. 资本成本　　　　　　　　D. 所得税税率

【答案】AB

【解析】经营杠杆系数=基期边际贡献/基期息税前利润,边际贡献=销售量×(销售单价-单位变动成本),息税前利润=边际贡献-固定性经营成本。故选项A、B正确。

【例2·多选】下列各项中,影响财务杠杆系数的有( )。(2017年)

A.息税前利润 B.普通股股利
C.优先股股息 D.借款利息

【答案】ACD

【解析】财务杠杆系数=息税前利润/[息税前利润-利息费用-优先股股息/(1-所得税税率)],所以选项ACD正确。

(3)总杠杆

①公式。

$$DTL = \frac{普通股盈余变动率}{产销量变动率}$$

$$= \frac{基期边际贡献}{基期利润总额} = \frac{基期税后边际贡献}{基期税后利润}$$

$$= M/(M-F-I)$$

$$DTL = DOL \times DFL$$

②总杠杆与公司风险(经营风险与财务风险)。在公司风险水平(总杠杆系数)一定的情况下,经营风险(经营杠杆)和财务风险(财务杠杆)之间此消彼长。

企业类型	特征	经营杠杆(经营风险)	财务杠杆(财务风险)
资本密集型	固定资产比重大	高	低
劳动密集型	变动成本比重大	低	高
初创期企业	产品市场占有率低 产销业务量小	高	低
扩张成熟期企业	产品市场占有率高 产销业务量大	低	高

【例3·判断】在企业承担总风险能力一定且利率相同的情况下,对于经营杠杆水平较高的企业,应当保持较低的负债水平,而对于经营杠杆水平较低的企业,则可以保持较高的负债水平。( )(2013年)

【答案】√

【解析】在总杠杆系数(总风险)一定的情况下,经营杠杆系数与财务杠杆系数此消彼长,即可以反向搭配。

【例4·计算】乙公司是一家服装企业,只生产销售某种品牌的西服。

2016年度固定成本总额为20 000万元。单位变动成本为0.4万元。单位售价为0.8万元,销售量为100 000套,乙公司2016年度发生的利息费用为4 000万元。(2017年)

要求:

(1)计算2016年度的息税前利润。

(2) 以2016年为基数。计算下列指标：①经营杠杆系数；②财务杠杆系数；③总杠杆系数。

【答案】
(1) 2016年度的息税前利润＝（0.8－0.4）×100 000－20 000＝20 000（万元）
（按照习惯性表述，固定成本总额是指经营性固定成本，不含利息费用）
(2) ①经营杠杆系数＝（0.8－0.4）×100 000/20 000＝2
②财务杠杆系数＝20 000/（20 000－4 000）＝1.25
③总杠杆系数＝2×1.25＝2.5

第四节　资本结构

一、资本结构理论

★★★ **考点1. 资本结构的含义**
含义：是指长期负债与股东权益的构成比例。
最优标准：①平均资本成本率最低；②企业价值最大。
决策：①降低平均资本成本率；②提高普通股每股收益。
【注意】最佳资本结构是存在的，但由于企业内部条件和外部环境的经常性变化，动态地保持最佳资本结构十分困难。评价企业资本结构最佳状态的标准应该是既能够提高股权收益或降低资本成本，又能控制财务风险，最终目的是提升企业的价值。（2018年新增）

【例1·判断】使企业税后利润最大的资本结构是最佳资本结构。（　　）（2017年）
【答案】×
【解析】所谓最佳资本结构，是指在一定条件下使企业平均资本成本率最低，企业价值最大的资本结构。

【例2·多选】下列各项因素中，影响企业资本结构决策的有（　　）（2015年）
A. 企业的经营状况
B. 企业的信用等级
C. 国家的货币供应量
D. 管理者的风险偏好
【答案】ABCD
【解析】影响资本结构因素的有：(1) 企业经营状况的稳定性和成长率；(2) 企业的财务状况和信用等级；(3) 企业的资产结构；(4) 企业投资人和管理当局的态度；(5) 行业特征和企业发展周期；(6) 经济环境的税收政策和货币政策。

★ 考点 2. 资本结构理论 （2018 年新增）

MM 理论	最初的 MM 理论	（1）<u>不考虑</u>企业所得税，有无负债不改变企业的价值 （2）有负债企业的<u>股权成本随负债程度的</u><u>增大而增大</u>
	修正的 MM 理论	企业可利用<u>财务杠杆增加企业价值</u>，因负债利息可带来避税利益，企业价值会随着资产负债率的增加而增加
权衡理论		有负债企业的价值等于<u>无负债企业价值</u><u>加上</u><u>税赋节约现值</u>，再<u>减去</u><u>财务困境成本的现值</u>
代理理论		（1）债务筹资有很强的<u>激励作用</u>，并将债务视为一种担保机制 （2）债务筹资可能导致另一种代理成本，即企业接受债权人监督而产生的成本
优序融资理论		（1）以<u>非对称信息条件</u>以及<u>交易成本的存在</u>为前提，认为企业外部融资要多支付各种成本，使得投资者可以从企业资本结构的选择来判断企业市场价值 （2）揭示了<u>财务管理的风险管理策略</u>，即要保持一定的风险状况水平，需要维持一定的总杠杆系数，经营杠杆和财务杠杆可以有不同的组合

二、影响资本结构的因素

考点 1. 影响资本结构的因素

（1）企业经营状况的稳定性和成长率
（2）企业的财务状况和信用等级、企业的资产结构
（3）企业投资人和管理当局的态度、行业特征和企业发展周期
（4）经济环境的税务政策和货币政策

三、资本结构优化

★★★ 考点 1. 资本结构优化

（1）每股收益分析法

①<u>每股收益无差别点</u>（EBIT－EPS 无差别点）：使两种筹资方式下**每股收益相等**的**息税前利润（或业务量）水平**。

$$\frac{(\overline{EBIT}-I_1)\times(1-T)-DP_1}{N_1}=\frac{(\overline{EBIT}-I_2)\times(1-T)-DP_2}{N_2}$$

EBIT 为息税前利润平衡点，即每股收益无差别点；I_1、I_2 表示两种筹资方式下的债务利息；DP_1、DP_2 表示两种筹资方式下的优先股股利；N_1、N_2 表示两种筹资方式下普通股股数；T 表示所得税税率。

【注意】 每股收益无差别点的存在条件——两个筹资方案流通在外的普通股股数不同。

②<u>决策原理</u>：

a. 如果预期的息税前利润大于每股收益无差别点的息税前利润，则运用**负债筹资方式**；

b. 如果预期的息税前利润小于每股收益无差别点的息税前利润，则运用**权益筹资方式**。

（2）平均资本成本比较法

平均资本成本比较法是指通过计算和比较各种可能的筹资组合方案的平均资本成本，选择平均资本成本率最低的方案。

（3）公司价值分析法

在考虑市场风险基础上，以公司市场价值为标准，进行资本结构优化。能够提升公司价值的资本结构，是合理的资本结构。

【例3·综合】为了满足购置新生产线的资金需求，己公司设计了两个筹资方案，第一个方案是以借贷方式筹集资金50 000万元，年利率为8%；第二个方案是发行普通股10 000万股，每股发行价5元，己公司2016年年初普通股股数为30 000万股。计算两个筹资方案的每股收益无差别点息税前利润。（2016年）

【答案】（EBIT－2 000－50 000×8%）×（1－25%）/30 000＝（EBIT－2 000）×（1－25%）/（30 000＋10 000），解得：EBIT＝18 000（万元）。

【例4·单选】下列方法中，能够用于资本结构优化分析并考虑了市场风险的是（　　）。（2016年）

A. 杠杆分析法
B. 公司价值分析法
C. 每股收益分析法
D. 利润敏感性分析法

【答案】B

【解析】公司价值分析法是在考虑市场风险基础上，以公司市场价值为标准，进行资本结构优化。即能够提升公司价值的资本结构，就是合理的资本结构，因此选项B是答案。每股收益分析法是从账面价值的角度进行资本结构优化分析，没有考虑市场反应，也没有考虑风险因素，故选项C不正确。杠杆分析法和利润敏感性分析法不属于资本结构优化分析的方法。故选项AD不正确。

检测2-2

第六章 投资管理

本章考情分析

思维导图

本章是重点章,内容较多,并且是全教材难度最大的一章。本章要求考生熟练掌握投资项目的现金流量和贴现率的确定,净现值、年金净流量、内含报酬率和回收期等评价指标的计算和运用,互斥投资方案的决策以及固定资产更新决策,债券价值、债券投资收益率、股票价值和股票投资收益率。

从历年考试情况来看,本章每年几乎必考计算题或综合题,以及客观题,平均分值在14分左右。

年份 题型	2014年		2015年		2016年		2017年卷一		2017年卷二	
	题量	分值	题量	分值	题量	分值	题量	分值	题量	分值
单选题	3	3	3	3	2	2	1	1	4	4
多选题	1	2	1	2	1	2	—	—	2	4
判断题	1	1	1	1	1	1	1	1	3	3
计算题	—	—	1	5	1	5	—	—	1	5
综合题	1	8	1	4	1	5	1	7	—	—
合计	—	14	—	15	—	15	—	9	—	16

第一节 投资管理概述

★★★考点1. 企业投资的分类

分类依据	类型	定义
投资活动与企业生产经营活动的关系(方式性)	直接投资	将资金直接投放于形成生产经营能力的实体性资产,直接谋取经营利润的企业投资
	间接投资	将资金投放于股票、债券等权益性资产上的企业投资
投资对象的存在形态和性质(对象性)	项目投资 (直接投资)	购买具有实质内涵的经营资产,包括有形资产和无形资产,形成具体的生产经营能力,开展实质性的生产经营活动,谋取经营利润
	证券投资 (间接投资)	通过证券资产上所赋予的权利,间接控制被投资企业的生产经营活动,获取投资收益,即购买属于综合生产要素的权利资产的企业投资

续表

分类依据	类型	定义
对企业生产经营前景的影响	发展性投资	对企业未来的生产经营发展全局有重要影响的企业投资，也称为战略性投资
	维持性投资	为了维持企业现有的生产经营正常顺利进行，不会改变企业未来生产经营发展全局的企业投资，也称为战术性投资
投资的方向	对内投资（直接投资）	是在本企业范围内部的资金投放，用于购买和配置各种生产经营所需要的经营性资产
	对外投资（主要是间接投资）	向本企业范围以外的其他单位的资金投放
投资项目之间的相互关系	独立投资	各个投资项目互不关联、互不影响，可以同时并存
	互斥投资	非相容性投资，各个投资项目之间相互关联、相互替代，不能同时并存

【例1·多选】按照企业投资的分类，下列各项中，属于发展性投资的有（　　）。（2016年）

A. 企业间兼并收购的投资
B. 更新替换旧设备的投资
C. 大幅度扩大生产规模的投资
D. 开发新产品的投资

【答案】ACD

【解析】发展性投资，是指对企业未来的生产经营发展全局有重大影响的企业投资。发展性投资也可以称为战略性投资，如企业间兼并合并的投资、转换新行业和开发新产品投资、大幅度扩大生产规模的投资等。更新替换旧设备的投资属于维持性投资。故选项ACD正确。

【例2·判断】某投资者进行间接投资，与其交易的筹资者是在进行直接筹资；某投资者进行直接投资，与其交易的筹资者是在进行间接筹资。（　　）（2015年）

【答案】×

【解析】间接投资是指将资金投放于股票、债券等权益性资产上，而发行股票、债券属于直接筹资，因此，某投资者进行间接投资，与其交易的筹资者是在进行直接筹资；而投资者进行直接投资，与其交易的筹资者采取的是吸收直接投资的筹资方式，属于直接筹资，而不是间接筹资。

第二节　投资项目财务评价指标

一、项目现金流量

★★★考点1. 项目现金流量

由一项长期投资方案所引起的在未来一定期间所发生的现金收支，叫做现金流量。

投资决策中的现金流量通常指**现金净流量**。

投资期现金流量	(1) 长期资产投资（包括固定资产、无形资产、递延资产等） (2) 垫支的营运资金
营业期现金净流量	=营业收入－付现成本－所得税 =税后营业利润＋非付现成本 =收入×（1－所得税税率）－付现成本×（1－所得税税率）＋非付现成本×所得税税率
终结期现金流量	(1) 固定资产的变价净收入 (2) 固定资产变现净损益对现金净流量的影响 (3) 垫支营运资金的收回

【注意】投资项目从整个经济寿命周期来看，大致可分为**投资期、营业期和终结期**三个阶段。

【例1·单选】某投资项目某年的营业收入为600 000元，付现成本为400 000元，折旧额为100 000元，所得税税率为25%，则该年营业现金净流量为（　　）元。(2017年)
A. 250 000　　　　B. 175 000　　　　C. 75 000　　　　D. 100 000
【答案】B
【解析】年营业现金净流量＝税后收入－税后付现成本＋非付现成本抵税＝600 000×（1－25%）－400 000×（1－25%）＋100 000×25%＝175 000（元），或者年营业现金净流量＝税后营业利润＋非付现成本＝（600 000－400 000－100 000）×（1－25%）＋100 000＝17 5000（元），故选项B正确。

【例2·多选】在考虑所有税影响的情况下，下列可用于计算营业现金净流量的算式中，正确的有（　　）。(2015年)
A. 税后营业利润＋非付现成本
B. 营业收入－付现成本－所得税
C. (营业收入－付现成本)×(1－所得税税率)
D. 营业收入×（1－所得税税率）＋非付现成本×所得税税率
【答案】AB
【解析】营业现金净流量＝营业收入－付现成本－所得税＝税后营业利润＋非付现成本＝收入×（1－所得税税率）－付现成本×（1－所得税税率）＋非付现成本×所得税税率。故AB正确。

二、净现值（NPV）

★★★考点1. 净现值（NPV）

(1) 基本原理
①一个投资项目，其未来现金净流量现值与原始投资额现值之间的差额称为**净现值**。计算式为：

净现值（NPV）＝未来现金净流量现值－原始投资额现值

【注意】净现值为**正**，方案**可行**；净现值为**负**，方案**不可行**。

②确定贴现率的参考标准：

a. 市场利率。

b. 投资者希望获得的预期最低投资报酬率。

c. 企业平均资本成本率。

（2）净现值法的优缺点

优点	①适用性强 ②能灵活地考虑投资风险
缺点	①所采用的贴现率不易确定，如果两方案采用不同的贴现率贴现，采用净现值法不能够得出正确结论 ②不适宜于独立投资方案的比较决策。如果各方案的原始投资额不相等，有时无法作出正确决策 ③净现值有时也不能对寿命期不同的互斥投资方案进行直接决策

【例3·计算】乙公司为了扩大生产能力，拟购买一台新设备，该投资项目相关资料如下：

资料一：新设备的投资额为1 800万元，经济寿命期为10年。采用直线法计提折旧，预计期末净残值为300万元。假设设备购入即可投入生产，不需要垫支营运资金，该企业计提折旧的方法、年限、预计净残值等与税法规定一致。

资料二：新设备投资后第1—6年每年为企业增加营业现金净流量400万元，第7—10年每年为企业增加营业现金净流量500万元，项目终结时，预计设备净残值全部收回。

资料三：假设该投资项目的贴现率为10%，相关货币时间价值系数如下表所示。

相关货币时间价值系数表

期数（n）	4	6	10
(P/F, 10%, n)	0.6830	0.5645	0.3855
(P/A, 10%, n)	3.1699	4.3553	6.1446

要求：计算项目净现值。（2017年节选）

【答案】项目净现值 = -1 800 + 400 × (P/A, 10%, 6) + 500 × (P/A, 10%, 4) × (P/F, 10%, 6) + 300 × (P/F, 10%, 10) = -1 800 + 400 × 4.3553 + 500 × 3.1699 × 0.5645 + 300 × 0.3 855 = 952.47（万元）

【例4·多选】采用净现值法评价投资项目可行性时，贴现率选择的依据通常有（　　）。（2017年）

A. 市场利率

B. 期望最低投资报酬率

C. 企业平均资本成本率

D. 投资项目的内含报酬率

【答案】ABC

【解析】确定贴现率的参考标准可以是：(1)以市场利率为标准；(2)以投资者希望获得的预期最低投资报酬率为标准；(3)以企业平均资本成本率为标准。

三、年金净流量（ANCF）

★★考点1. 年金净流量（ANCF）

（1）年金净流量的原理

项目期间内<u>全部现金净流量总额</u>的总现值或总终值折算为等额年金的平均现金净流量，称为<u>年金净流量</u>。年金净流量的计算式为：

年金净流量 = 现金净流量总现值/年金现值系数 = 现金流量总终值/年金终值系数

【注意】年金净流量指标的结果**大于零**，方案可行。在两个以上寿命期不同的投资方案比较时，年金净流量**越大**，方案越好。

（2）年金净流量的优缺点

优点：适用于期限不同的投资方案决策。

缺点：不便于对原始投资额不相等的独立投资方案进行决策。

【注意】<u>年金净流量法</u>是净现值法的辅助方法，在各方案寿命期相同时，实质上就**是净现值法**。

【例5·单选】下列各项中，其计算结果等于项目投资方案年金净流量的是（   ）。(2011年)

A. 该方案净现值×年金现值指数

B. 该方案净现值×年金现值系数的倒数

C. 该方案每年相等的现金净流量×年金现值系数

D. 该方案每年相等的现金净流量×年金现值系数的倒数

【答案】B

【解析】年金净流量 = 该方案净现值/(P/A, i, n)，所以选项B正确。

四、现值指数（PVI）

★考点1. 现值指数（PVI）

（1）现值指数的原理

<u>现值指数</u>是投资项目的**未来现金净流量现值与原始投资额现值之比**。计算式为：

现值指数 = 未来现金净流量现值/原始投资额现值

【注意】若现值指数**大于1**，方案**可行**；若现值指数**小于1**，方案**不可行**。现值指数**越大，方案越好**。

（2）现值指数的优点

用现值指数指标来评价独立投资方案，可以**克服净现值指标的不便于对不同的独立投资方案**进行比较和评价的**缺点**，从而使对方案的分析评价更加**合理、客观**。

【例6·单选】已知某投资项目的原始投资额现值为100万元，净现值为25万元，则该项目的现值指数为（   ）。(2014年)

A. 0.25　　　　B. 0.75　　　　C. 1.05　　　　D. 1.25

【答案】D

【解析】现值指数＝未来现金净流量现值/原始投资额现值＝（原始投资额现值＋净现值）/原始投资额现值＝1＋净现值/原始投资额现值＝1＋25/100＝1.25。故选项 D 正确。

五、内含报酬率（IRR）

★★★ **考点1.** 内含报酬率（IRR）

（1）基本原理

内含报酬率，是指对投资方案的**未来每年现金净流量**进行贴现，使所得的现值恰好与原始投资额现值相等，从而使**净现值**等于零时的贴现率。

①每年现金净流量相等时：

未来每年现金净流量×年金现值系数－原始投资额现值＝0

【注意】计算出净现值为零时的年金现值系数后，通过查年金现值系数表，即可找出相应的贴现率i，该贴现率就是方案的内含报酬率。

②每年现金净流量不相等时：如果投资方案未来的每年现金流量不相等，各年现金流量的分布就不是年金形式，不能采用直接查年金现值系数表的方法来计算内含报酬率，而需采用逐次测试法。

（2）对内含报酬率法的评价

优点	①易于被高层决策人员所理解 ②对于独立投资方案的比较决策，如果各方案原始投资额不同，可以通过计算各方案的内含报酬率，反映各独立投资方案的获利水平
缺点	①计算复杂，不易直接考虑投资风险大小 ②在互斥投资方案决策时，如果各方案的原始投资额现值不相等，有时无法作出正确的决策

【总结】当净现值＞0时，年金净流量＞0，现值指数＞1，**内含报酬率＞要求的报酬率**；

当净现值＝0时，年金净流量＝0，现值指数＝1，**内含报酬率＝要求的报酬率**；

当净现值＜0时，年金净流量＜0，现值指数＜1，**内含报酬率＜要求的报酬率**。

【例7·单选】某投资项目各年现金净流量按13%折现时，净现值大于零；按15%折现时，净现值小于零。则该项目的内含报酬率一定是（　　）。（2017年）

A．大于14%　　　B．小于14%　　　C．小于13%　　　D．小于15%

【答案】D

【解析】内含报酬率是净现值为0时的折现率，根据题目条件说明内含报酬率在13%~15%之间，故选项 D 正确。

【例8·单选】下列各项因素，不会对投资项目内含报酬率指标计算结果产生影响的是（　　）。（2014年）

A．原始投资额　　　B．资本成本　　　C．项目计算期　　　D．现金净流量

【答案】B

【解析】内含报酬率是指对投资方案未来的每年现金净流量进行贴现,使所得的现值恰好与原始投资额现值相等,从而使净现值等于零时的贴现率。因此,内含报酬率的计算并不受资本成本的影响,故选项 B 正确。

六、回收期(PP)

★★★考点1. 回收期 (PP)

回收期,是指投资项目的未来现金净流量与原始投资额相等时所经历的时间,即**原始投资额**通过未来现金流量**回收**所需要的**时间**。

(1)静态回收期

没有考虑**货币时间价值**,直接用未来现金净流量累计到原始投资数额时所经历的时间作为回收期。

①未来每年现金净流量相等时:

静态回收期=原始投资额/每年现金净流量

②未来每年现金净流量不相等时:在这种情况下,应把每年的现金净流量逐年加总,根据累计现金流量来确定回收期。

(2)动态回收期

需要将投资引起的**未来现金净流量**进行**贴现**,以未来现金净流量的现值等于原始投资额现值时所经历的时间为回收期。

①未来每年现金净流量相等时:在这种年金形式下,假定经历几年所取得的未来现金净流量的现值的年金现值系数为(P/A,i,n),则 (P/A,i,n)=原始投资额现值/每年现金净流量。

②未来每年现金净流量不相等时:在这种情况下,应把未来每年的现金净流量逐一贴现并加总,根据累计现金流量现值来确定回收期。

(3)回收期法的优缺点

优点	计算简便,易于理解
缺点	①没有考虑货币的时间价值 ②只考虑了未来现金净流量(或现值)总和中等于原始投资额(或现值)的部分,没有考虑超过原始投资额(或现值)的部分

【注意】这种方法是以回收期的长短来衡量方案的优劣,投资的时间越短,所冒的风险就越小些。

【例9•计算】乙公司为了扩大生产能力,拟购买一台新设备,该投资项目相关资料如下:

资料一:新设备的投资额为1 800万元,经济寿命期为10年。采用直接法计提折旧,预计期末净残值为300万元。假设设备购入即可投入生产,不需要垫支营运资金,该企业计提折旧的方法、年限、预计净残值等与税法规定一致。

资料二:新设备投资后第1—6年每年为企业增加营业现金净流量400万元,第7—10年每年为企业增加营业现金净流量500万元,项目终结时,预计设备净残值全部收回。

要求：计算项目静态投资回收期。（2017年节选）

【答案】项目静态投资回收期＝1 800/400＝4.5（年）

【例10·单选】某投资项目需在开始时一次性投资50 000元，其中固定资产投资为45 000元，营运资金垫资5 000元，没有建设期。各年营业现金净流量分别为：10 000元、12 000元、16 000元、20 000元、21 600元、14 500元。则该项目的静态投资回收期是（　　）年。（2016年）

A. 3.35　　　　B. 4.00　　　　C. 3.60　　　　D. 3.40

【答案】C

【解析】截至第三年年末还未补偿的原始投资额＝50 000－10 000－12 000－16 000＝12 000（元），所以静态投资回收期＝3＋12 000/20 000＝3.6（年）。

第三节　项目投资管理

一、独立投资方案的决策

★ 考点1. 独立投资方案的决策

独立投资方案，是指两个或两个以上项目互不依赖、可以同时并存，各方案的决策也是独立的。

【注意】一般采用**内含报酬率法**进行比较决策。

【例1·判断】净现值法不适宜于独立方案的比较决策。但能够对寿命期不同的互斥投资方案进行直接决策。（　　）

【答案】×

【解析】净现值法不适宜于独立方案的比较决策，有时也不能对寿命期不同的投资互斥方案进行直接决策。

二、互斥投资方案的决策

★★★ 考点1. 互斥投资方案的决策

决策的实质	选择最优方案，属于决策选择	
决策的方法	寿命期相同	净现值法
	寿命期相同或不同	年金净流量法

【例2·综合】乙公司现有生产线已满负荷运转，鉴于其产品在市场上供不应求，公司准备购置一条生产线，公司及生产线的相关资料如下：

乙公司生产线的购置有两个方案可供选择。

A方案生产线的购买成本为7 200万元，预计使用6年，采用直线法计提折旧，预计净残值率为10%，生产线投产时需要投入营运资金1 200万元，以满足日常经营活动需要，生产线运营期满时垫支的营运资金全部收回，生产线投入使用后，预计每年新增销售收入 11 880 万元，每年新增付现成本 8 800 万元，假定生产线购入后可立即投入使用。

B 方案生产线的购买成本为 200 万元，预计使用 8 年，当设定贴现率为 12% 时净现值为 3 228.94 万元。

货币时间价值系数表

年度（n）	1	2	3	4	5	6	7	8
（P/F，12%，n）	0.8929	0.7972	0.7118	0.6355	0.5674	0.5066	0.4523	0.4039
（P/A，12%，n）	0.8929	1.6901	2.4018	3.0373	3.6048	4.1114	4.5638	4.9676

要求：分别计算 A、B 方案的年金净流量，据以判断乙公司应该选择哪个方案，并说明理由。（2014 年节选）

【答案】A 方案的年金净流量 = 3 180.08/（P/A，12%，6）= 3 180.08/4.1114 = 773.48（万元），B 方案的年金净流量 = 3 228.94/（P/A，12%，8）= 3 228.94/4.9676 = 650（万元）

由于 A 方案的年金净流量大于 B 方案的年金净流量，因此，乙公司应选择 A 方案。

三、固定资产更新决策

★★★ **考点 1. 固定资产更新决策**

<u>固定资产更新决策</u>属于互斥投资方案的决策类型。因此，固定资产更新决策所采用的决策方法是**净现值法**和**年金净流量法**，一般不采用内含报酬率法。

（1）寿命期相同的设备重置决策

大部分以旧换新进行的设备重置都属于替换重置。在替换重置方案中，所发生的现金流量主要是现金流出量。

（2）寿命期不同的设备重置决策——年金净流量法

决策方法	设备重置的情形
年金净流量最大/**年金流出量最小**	扩建重置/替换重置
年金成本最低	

【注意】如果不考虑各方案的营业现金流入量变动，只比较各方案的现金流出量，把按年金净流量原理计算的等额年金流出量称为年金成本。

（3）设备重置方案的运用年金成本方式决策时，主要应考虑的现金流量

①新旧设备目前市场价值。对于旧设备而言，目前市场价值就是旧设备的重置成本或变现价值。

②新旧设备残值变价收入，应作为现金流出的抵减。

③新旧设备的年营运成本，即年付现成本。如果考虑每年的营业现金流入，应作为每年营运成本的抵减。

（4）年金成本在特定条件下（无所得税因素、每年营运成本相等）的计算公式

年金成本 =（原始投资额 – 残值收入）/年金现值系数 + 残值收入 × 贴现率 + ∑年营运成本现值/年金现值系数

【注意】继续使用旧设备的初始现金流量＝－（变现价值＋清理净损失×所得税税率）＝－（变现价值－清理净收益×所得税税率）；项目终结回收残值的流量＝最终残值＋残值净损失×所得税税率＝最终残值－残值净收益×所得税税率。

【例3·综合】戊化工公司拟进行一项固定资产投资，以扩充生产能力。现有X，Y，Z三个方案备选。相关资料如下：

资料一：X方案需要投资固定资产500万元，不需要安装就可以使用，预计使用寿命为10年，期满无残值，采用直线法计算折旧，该项目投产后预计会使公司的存货和应收账款共增加20万元，应付账款增加5万元。假设不会增加其他流动资产和流动负债。在项目运营的10年中，预计每年为公司增加税前利润80万元。X方案的现金流量如表1所示。

表1　X方案的现金流量计算表　　　　　　　　　　　单位：万元

年份	0	1－9	10
一、投资期现金流量			
固定资产投资	(A)		
营运资金垫支	(B)		
投资现金净流量	*		
二、营业期现金流量			
销售收入		*	*
付现成本		*	*
折旧		(C)	*
税前利润		80	*
所得税		*	*
净利润		(D)	*
营业现金净流量		(E)	(F)
三、终结期现金流量			
固定资产净残值			*
回收营运资金			(G)
终结期现金流量表			*
四、年现金净流量合计	*	*	(H)

注：表内的"*"为省略的数值。

资料二：Y方案需要投资固定资产300万元，不需要安装就可以使用，预计使用寿命为8年。期满无残值，预计每年营业现金净流量为50万元，经测算，当折现率为6%时，该方案的净现值为10.49万元，当折现率为8%时，该方案的净现值为－12.67万元。

资料三：Z方案与X方案、Y方案的相关指标如表2所示。

表2 备选方案的相关指标

方案	X方案	Y方案	Z方案
原始投资额现值（万元）	*	300	420
期限（年）	10	8	8
净现值（万元）	197.27	*	180.50
现值指数	1.38	0.92	(J)
内含报酬率	17.06%	*	*
年金净流量（万元）	(I)	*	32.61

注：表内的"＊"为省略的数值。

资料四：公司使用的所得税税率为25%。相关货币时间价值系数如表3所示。

表3 相关货币时间价值系数表

期数（n）	8	9	10
(P/F, i, n)	0.5019	0.4604	0.4224
(P/A, i, n)	5.5348	5.9952	6.4170

注：i为项目的必要报酬率。

要求：

(1) 根据资料一和资料四，确定表1中字母所代表的数值（不需要列示计算过程）。

(2) 根据以上计算的结果和资料二，完成下列要求：①计算Y方案的静态投资回收期和内含报酬率；②判断Y方案是否可行，并说明理由。

(3) 根据资料三和资料四，确定表2中字母所代表的数值（不需要列示计算过程）。

(4) 判断戊公司应当选择哪个投资方案，并说明理由。(2017年)

【答案】

(1) A = -500；B = -15；C = 50；D = 60；E = 110；F = 110；G = 15；H = 125

【解析】A = -500；B = -15；C = 500/10 = 50；D = 80 × (1 - 25%) = 60；E = 60 + 50 = 110；F = 110；G = 15；H = 110 + 15 = 125。

(2) ①静态投资回收期 = 300/50 = 6（年）

因为内含报酬率是净现值为0时的折现率。

经测算，当折现率为6%时，该方案的净现值为10.49万元；当折现率为8%时，该方案的净现值为-12.67万元。

故根据内插法：（内含报酬率 - 6%）/（8% - 6%）=（0 - 10.49）/（-12.67 - 10.49）

解得内含报酬率 = 6.91%

②Y方案的内含报酬率小于戊公司的加权平均资本成本，故Y方案不可行。

(3) I = 30.74；J = 1.43

【解析】I = 197.27/6.4170 = 30.74（万元）；J =（180.50 + 420）/420 = 1.43。

(4) 戊公司应当选择Z投资方案，因为Y方案不可行，而Z投资方案的年金净流量大于X方案的年金净流量。

第四节 证券投资管理

一、证券资产的特点和目的

★★★考点1. 证券资产的特点和目的

（1）证券资产的特点

①**价值虚拟性**：证券资产不能脱离实体资产而完全独立存在，但证券资产的价值不是完全由实体资本的现实生产经营活动决定的，而是**取决于契约性权利所能带来的未来现金流量折现的资本化价值**。

②**可分割性**。

③**持有目的多元性**。

④**强流动性**。

⑤**高风险性**。

【例1·判断】证券资产不能脱离实体资产而独立存在，因此，证券资产的价值取决于实体资产的现实经营活动所带来的现金流量。（　）（2013年）

【答案】×

【解析】证券资产不能脱离实体资产而完全独立存在，但证券资产的价值不是完全由实体资本的现实生产经营活动决定的，而是取决于契约性权利所能带来的未来现金流量，是一种未来现金流量折现的资本化价值。因此本题的表述错误。

（2）证券投资的目的

①分散资金投向，降低投资风险。

②利用闲置资金，增加企业收益。

③稳定客户关系，保障生产经营。

④提高资产的流动性，增强偿债能力。

【注意】主要目的是谋取投资收益。

【例2·单选】一般认为，企业利用闲置资金进行债券投资的主要目的是（　　）。（2017年）

A. 控制被投资企业

B. 谋取投资收益

C. 降低投资风险

D. 增强资产流动性

【答案】B

【解析】企业在生产经营过程中，由于各种原因有时会出现资金闲置、现金结余较多的情况。这些闲置的资金可以投资于股票、债券等有价证券上，谋取投资收益，这些投资收益主要表现在股利收入、债息收入、证券买卖差价等方面，故选项B正确。

二、证券资产投资的风险

★★考点1. 证券资产投资的风险

系统性风险	价格风险	市场利率上升，使证券资产价格普遍下跌的可能性
	再投资风险	市场利率下降，造成的无法通过再投资而实现预期收益的可能性
	购买力风险	由于通货膨胀而使货币购买力下降的可能性
非系统性风险	违约风险	证券资产发行者无法按时兑付证券资产利息和偿还本金的可能性
	变现风险	证券资产持有者无法在市场上以正常的价格平仓出货的可能性
	破产风险	证券资产发行者破产清算时投资者无法收回应得权益的可能性

【例3·单选】对债券持有人而言，债券发行人无法按期支付债券利息或偿付本金的风险是（　　）。(2014年，2017年)

A. 流动性风险　　　　　　　　　B. 系统风险

C. 违约风险　　　　　　　　　　D. 购买力风险

【答案】C

【解析】违约风险是指证券资产发行者无法按时兑付证券资产利息和偿还本金的可能性，所以选项C正确。

三、债券投资

★★★考点1. 债券投资

(1) 债券要素

债券要素主要包括债券**面值**、债券**票面利率**及债券**到期日**。

(2) 债券的价值

影响**债券价值**的因素主要有债券**面值**、**期限**、**票面利率**和所采用的**贴现率**等因素。

①债券估价基本模型。

债券价值：指的是**未来收取的利息和本金的现值**。

【例子】某债券面值1 000元，期限20年，每年支付一次利息，到期归还本金，以市场利率作为评估债券价值的贴现率，目前的市场利率为10%，如果票面利率分别为8%、10%和12%，有：

$V_b = 80 \times (P/A, 10\%, 20) + 1\,000 \times (P/F, 10\%, 20) = 830.12$（元）

$V_b = 100 \times (P/A, 10\%, 20) + 1\,000 \times (P/F, 10\%, 20) = 1\,000$（元）

$V_b = 120 \times (P/A, 10\%, 20) + 1\,000 \times (P/F, 10\%, 20) = 1\,170.23$（元）

【总结】(2018年新增)

票面利率 > 市场利率	债券价值 > 票面价值	溢价发行	对债券发行者未来多付利息的必要补偿
票面利率 < 市场利率	债券价值 < 票面价值	折价发行	对投资者未来少获利息的必要补偿
票面利率 = 市场利率	债券价值 = 票面价值	平价发行	不存在补偿

②债券期限对债券价值的敏感性。

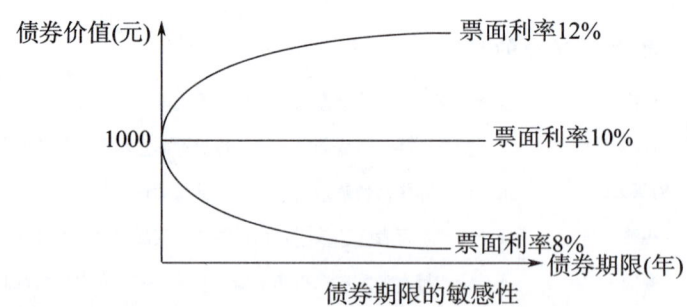

债券期限的敏感性

【注意】只有<u>溢价债券</u>或<u>折价债券</u>，才产生不同期限下<u>债券价值有所不同</u>的现象；债券期限<u>越短</u>，债券票面利率对债券价值的影响<u>越小</u>；在票面利率偏离市场利率的情况下，债券期限<u>越长</u>，债券价值<u>越偏离</u>于债券面值；对于非平价发行的分期付息、到期归还本金的债券来说，超长期债券的期限差异，对债券价值的<u>影响不大</u>。

③市场利率对债券价值的敏感性。

a. 市场利率的上升会导致债券价值的下降，反之亦然。

b. **长期债券**对市场利率的敏感性会**大于短期债券**，在市场利率**较低**时，长期债券的**价值远高于**短期债券，在市场利率较高时，长期债券的价值远低于短期债券。

c. 市场利率**低于**票面利率时，债券价值对市场利率的变化**较为敏感**；市场利率**超过**票面利率后，债券价值对市场利率变化的**敏感性减弱**。

(3) 债券投资的收益率

①<u>债券收益</u>的来源：**名义利息收益、利息再投资收益和价差收益**。

②债券的<u>内部收益率</u>：当前市场价格购买债券并持有至到期日或转让日，所产生的**预期报酬率**，也就是债券投资项目的**内含报酬率**。

其公式为：

$$R = \frac{I + (B-P) \div N}{(B+P) \div 2} \times 100\%$$

P 表示债券的当前购买价格，B 表示债券面值，N 表示债券持有期。

【注意】债券内含报酬率是指债券投资<u>净现值等于零</u>的折现率，即债券购买价格与未来利息和本金（或中途的变现）流入的现值相等时的折现率。

【例4·判断】假设其他条件不变，市场利率变动，债券价格反方向变动，即市场利率上升债券价格下降。（ ）(2016年, 2017年)

【答案】√

【解析】债券的内在价值也称为债券的理论价格，是将在债券投资上未来收取的利息和收回的本金折为现值。而市场利率作为折现率，市场利率上升，债券价格是下降的。

【例5·单选】债券内含报酬率的计算公式中不包含的因素是（ ）。(2016年)

A. 票面利率   B. 债券面值   C. 市场利率   D. 债券期限

【答案】C

【解析】债券内含报酬率是指债券投资净现值等于零的折现率，即债券购买价格与未来利息和本金（或中途的变现）流入的现值相等时的折现率，因此债券内含报酬率的计算与市场利率无关。故选项 C 正确。

【例 6·单选】市场利率和债券期限对债券价值都有较大的影响。下列相关表述中，不正确的是（　　）。（2016 年）

A. 市场利率上升会导致债券价值下降
B. 长期债券的价值对市场利率的敏感性小于短期债券
C. 债券期限越短，债券票面利率对债券价值的影响越小
D. 债券票面利率与市场利率不同时，债券面值与债券价值存在差异

【答案】B

【解析】长期债券对市场利率的敏感性会大于短期债券，在市场利率较低时，长期债券的价值远高于短期债券，在市场利率较高时，长期债券的价值远低于短期债券。故选项 B 不正确。

四、股票投资

★★★考点 1. 股票投资

（1）股票的价值

①优先股价值模型。优先股是特殊的股票，其价值计算为：

$V_s = D/R_s$

②常用的股票估价模式。

a. 固定增长模式。

$V_s = [D_0(1+g)] / (R_s - g)$ 或：$V_s = D_1 / (R_s - g)$

【注意】D_0 是当前的股利，D_1 是未来第一期的股利。

b. 零增长模式。当固定增长模式中 $g = 0$ 时：

$V_s = D/R_s$

c. 阶段性增长模式。

固定增长后的零增长：高速增长阶段股利的现值与股利固定阶段现值的和。

非固定增长后的固定增长：高速增长阶段股利的现值与股利固定增长阶段现值的和。

（2）股票投资的收益率

①股票收益的来源。

由**股利收益**、**股利再投资收益**、**转让价差收益**三部分构成。

②股票的内部收益率。

固定增长股票的内部收益率：

$R_s = D_1/P_0 + g$

【注意】股票的内部收益率，是指股票投资未来现金流量的贴现值等于目前的购买价格时的贴现率，也就是股票投资项目的内含报酬率。D_1/P_0 是预期股利收益率，g 是股利增长率。

【例 7·单选】某公司当期每股股利为 3.30 元，预计未来每年以 3% 的速度增长，假

设投资者的必要收益率为8%，则该公司每股股票的价值为（　　）元。（2017年）

A. 41.25　　　　B. 67.98　　　　C. 66.00　　　　D. 110.00

【答案】B

【解析】该公司每股股票的价值=3.30×（1+3%）/（8%－3%）=67.98（元）。

【例8·判断】依据固定股利增长模型，股票投资内部收益率由两部分构成，一部分是预期股利收益率 D_1/P_0，另一部分是股利增长率 g。（　　）（2017年）

【答案】√

【解析】依据固定股利增长模型"$R=D_1/P_0+g$"可以看出，股票投资内部收益率由两部分构成：一部分是预期股利收益率 D_1/P_0，另一部分是股利增长率 g。

【例9·综合】己公司是一家上市公司，该公司2014年末资产总计为10 000万元，其中负债合计为2 000万元。该公司适用的所得税税率为25%。

预计己公司净利润持续增长，股利也随之相应增长。相关资料如表1所示：

表1　己公司相关资料

2014年末股票每股市价	8.75元
2014年股票的β系数	1.25
2014年无风险收益率	4%
2014年市场组合的收益率	10%
预计股利年增长率	6.5%
预计2015年每股现金股利（D_1）	0.5元

要求：

（1）根据资料，利用资本资产定价模型计算己公司股东要求的必要收益率；

（2）根据资料，利用股票估价模型，计算己公司2014年末股票的内在价值；

（3）根据上述计算结果，判断投资者2014年末是否应该以当时的市场价格买入己公司股票，并说明理由。（2015年节选）

【答案】

（1）必要收益率=4%+1.25×（10%－4%）=11.5%。

（2）股票内在价值=0.5÷（11.5%－6.5%）=10（元）。

（3）由于价值10元高于市价8.75元，所以投资者应该购入该股票。

阶段2测评

第三阶段学习方案

学习方案一（90模块过单科）

阶段—模块	学习、复习内容	检测	完成日期	定制调整内容
承第二阶段学习方案一				
3－55	学习第七章第一节	—		
3－56	学习第七章第一节	—		
3－57	学习第七章第二、第三节	—		
3－58	学习第七章第三节	—		
3－59	学习第七章第三节	—		
3－60	学习第七章第四节	—		
3－61	学习第七章第四节	—		
3－64	学习第七章第五节 复习第七章	检测3		
3－63	学习第八章第一节	—		
3－64	学习第八章第二节	—		
3－65	学习第八章第二节	—		
3－66	学习第八章第二节	—		
3－67	学习第八章第三节	—		
3－68	学习第八章第三节	—		
3－69	学习第八章第三节	—		
3－70	学习第八章第四节	—		
3－71	学习第八章第四节 复习第一至第八章	阶段3测评		

财务管理

学习方案二（60模块过单科）

承第二阶段学习方案二				
阶段—模块	学习、复习内容	检测	完成日期	定制调整内容
3-33	学习第七章第一、第二节	—		
3-34	学习第七章第三节	—		
3-35	学习第七章第三节	—		
3-36	学习第七章第四节	—		
3-37	学习第七章第四节	—		
3-38	学习第七章第五节 复习第七章	检测3		
3-39	学习第八章第一、第二节	—		
3-40	学习第八章第二节	—		
3-41	学习第八章第二节	—		
3-42	学习第八章第三节	—		
3-43	学习第八章第三节	—		
3-44	学习第八章第四节	—		
3-45	学习第八章第四节	—		
3-46	学习第八章第四节，复习第一至第八章	阶段3测评		

学习方案三（30模块过单科）

承第二阶段学习方案三				
阶段—模块	学习、复习内容	检测	完成日期	定制调整内容
3-17	学习第七章第一、第二节	—		
3-18	学习第七章第三、第四节	—		
3-19	学习第七章第五节 复习第七章	检测3		
3-20	学习第八章第一、第二节	—		
3-21	学习第八章第三节	—		
3-22	学习第八章第四节 复习第一至第八章	阶段3测评		

第三阶段通关宝典

第七章 营运资金管理

本章考情分析

思维导图

本章是重点章，内容较多。本章要求考生熟练掌握营运资金管理的主要内容、现金管理和流动负债管理、应收账款决策及最优存货量的确定。

从历年考试情况来看，本章每年几乎必考计算题或综合题，以及客观题，平均分值在 11 分左右。

年份 题型	2014 年		2015 年		2016 年		2017 年卷一		2017 年卷二	
	题量	分值	题量	分值	题量	分值	题量	分值	题量	分值
单选题	2	2	3	3	2	2	4	4	3	3
多选题	2	4	1	2	1	2	—	—	1	2
判断题	1	1	1	1	1	1	1	1	1	1
计算题	1	5	1	5	1	5	1	5	—	—
综合题	—	—	—	—	—	—	—	—	1	6
合计	—	12	—	11	—	10	—	10	—	12

第一节 营运资金管理的主要内容

一、营运资金的概念和特点

考点1. 营运资金的概念
（1）广义：流动资产总额
（2）狭义：营运资金 = 流动资产 – 流动负债

考点2. 流动资产与流动负债的分类

流动资产	占用形态不同	现金、以公允价值计量且其变动计入当期损益的金融资产、应收及预付款项和存货（2018 年变动）
	在生产经营过程中的环节不同	生产领域中的流动资产（原材料） 流通领域中的流动资产（应收账款） 其他领域中的流动资产（交易性金融资产）

续表

流动负债	应付金额是否确定	应付金额确定的流动负债（应付账款） 应付金额不确定的流动负债（应交税费）
	是否支付利息	有息流动负债（短期借款） 无息流动负债（应付账款）
	流动负债的形成情况	自然性流动负债（应付账款） 人为性流动负债（短期借款）

★ **考点3. 营运资金的特点**

（1）来源具有多样性
（2）数量具有波动性
（3）周转具有短期性
（4）实物形态具有变动性和易变现性

【例1·判断】营运资金具有多样性、波动性、短期性、变动性和不易变现性等特点。（　　）（2015年）

【答案】×

【解析】营运资金一般具有如下特点：营运资金的来源具有多样性；营运资金的数量具有波动性；营运资金的周转具有短期性；营运资金的实物形态具有变动性和易变现性。

二、营运资金管理策略

考点1. 流动资产投资策略的类型

种类	特点
紧缩的流动资产投资策略	维持低水平的流动资产与销售收入比率
宽松的流动资产投资策略	维持高水平的流动资产与销售收入比率

★ **考点2. 流动资产投资策略类型的特点**

指标	紧缩投资策略	宽松投资策略
流动资产/收入	低	高
流动资产持有成本	低	高
财务和经营风险	高	低
收益水平	高	低

【例2·单选】某公司在营运资金管理中，为了降低流动资产的持有成本、提高资产的收益性，决定保持一个低水平的流动资产与销售收入比率，据此判断，该公司采取的流动资产投资策略是（　　）。（2014年）

A. 紧缩的流动资产投资策略　　　　B. 宽松的流动资产投资策略
C. 匹配的流动资产投资策略　　　　D. 稳健的流动资产投资策略

【答案】A

【解析】在紧缩的流动资产投资策略下，企业维持低水平的流动资产与销售收入比率。紧缩的流动资产投资策略可以节约流动资产的持有成本。

★考点3. 自发性流动负债 （2018年新增）
（1）在经营活动中自发形成的流动负债
（2）主要包括应付账款、应付票据等
（3）属于流动负债，但是属于长期来源

【注意】短期来源主要指临时性流动负债，例如短期银行借款。

★★★考点4. 流动资产融资策略类型
（1）期限匹配型融资策略

非流动资产	永久性流动资产	波动性流动资产
长期来源		短期来源

短期资金来源 = 波动性流动资产

长期资金来源 = 永久性流动资产 + 非流动资产

在期限匹配融资策略中，永久性流动资产和非流动资产以长期融资方式（负债或权益）来融通，波动性流动资产用短期来源融通。

【提示】期限匹配型融资策略的收益和风险居中。

（2）保守型融资策略

非流动资产	永久性流动资产	波动性流动资产
长期来源		短期来源

短期资金来源 < 波动性流动资产

长期资金来源 > 永久性流动资产 + 非流动资产

在保守融资策略中，长期融资支持非流动资产、永久性流动资产和某部分波动性流动资产。公司通常以长期融资来源来为波动性流动资产的平均水平融资。

【提示】保守型融资策略的风险与收益较低。

（3）激进型融资策略

非流动资产	永久性流动资产	波动性流动资产
长期来源		短期来源

短期资金来源 > 波动性流动资产

长期资金来原 < 永久性流动资产 + 非流动资产

在激进融资策略中，公司以长期负债和股东权益为所有的固定资产融资，仅对一部分永久性流动资产使用长期融资方式融资。短期融资方式支持剩下的永久性流动资产和所有的波动性流动资产。

【提示】激进型融资策略的风险与收益较高，这种策略比其他战略使用了更多的短期融资。

【例3·单选】某公司资产总额为9 000万元，其中永久性流动资产为2 400万元，波动性流动资产为1 600万元，该公司长期资金来源金额为8 100万元，不考虑其他情形，可以判断该公司的融资策略属于（　　）。(2017年)

A．期限匹配融资策略　　　　　　　　B．保守融资策略
C．激进融资策略　　　　　　　　　　D．风险匹配融资策略

【答案】B

【解析】在保守融资策略中，长期融资支持非流动资产、永久性流动资产和部分波动性流动资产。永久性流动资产为2 400万元，波动性流动资产为1 600万元，所以非流动资产＝9 000－2 400－1 600＝5 000（万元），非流动资产＋永久性流动资产＝5 000＋2 400＝7 400（万元）＜8 100万元，因此选项B正确。

【例4·单选】下列流动资产融资策略中，收益和风险均较低的是（　　）。(2016年)

A．产权匹配融资策略　　　　　　　　B．期限匹配融资策略
C．保守融资策略　　　　　　　　　　D．激进融资策略

【答案】C

【解析】保守型融资策略融资成本较高，收益较低，是一种风险低、成本高的融资策略。

第二节　现金管理

一、持有现金的动机

★ **考点1. 持有现金的动机**

动机	含义	影响因素
交易需求	为维持日常周转及正常商业活动所需持有的现金额	(1) 向客户提供的商业信用条件越宽松，因交易需求持有现金越多（同向） (2) 从供应商那里获得的信用条件越宽松，因交易需求持有现金越少（反向） (3) 业务的季节性会导致现金增减
预防需求	企业需要维持充足现金，以应付突发事件	(1) 企业愿冒缺少现金风险的程度 (2) 企业预测现金收支可靠的程度 (3) 企业临时融资的能力
投机需求	为抓住突然出现的获利机会而持有的现金	如证券价格的突然下跌，企业若没有用于投机的现金，就会错过这一机会

【注意】企业的现金持有量一般小于三种需求下的现金持有量之和，因为为某一需求持有的现金可以用于满足其他需求。

【例1·多选】下列各项中，决定预防性现金需求数额的因素有（　　）。（2012年）
A. 企业临时融资的能力
B. 企业预测现金收支的可靠性
C. 金融市场上的投资机会
D. 企业愿意承担短缺风险的程度
【答案】ABD
【解析】企业临时融资的能力越强，就可以少持有现金，临时融资能力弱，就需要多持有，所以选项A正确；企业预测现金收支可靠性越高，就可以少持有，否则就要多持有，所以选项B正确；金融市场上的投资机会影响的是投机需求，所以选项C不正确；企业愿意承担短缺风险的程度越高就可以少持有，越低就需要多持有，所以选项D正确。

二、目标现金余额的确定

考点1. 现金持有成本

机会成本	企业因持有一定现金余额丧失的再投资收益
管理成本	因持有一定数量的现金而发生的管理费用
短缺成本	现金持有量不足，又无法及时通过有价证券变现加以补充所给企业造成的损失
交易（转换）成本	有价证券转换回现金所付出的代价

★★★考点2. 现金持有成本与现金持有量的关系

持有成本	与现金持有量关系
机会成本	正相关
管理成本	一般认为是固定成本
短缺成本	负相关
交易（转换）成本	在全年现金需要量一定的情况下，交易成本与现金持有量反方向变化

【注意1】最佳现金持有量：持有成本最低的现金持有量。

【注意2】假设不存在现金与有价证券之间的转换，最佳现金持有量下的现金相关成本 = min（管理成本 + 机会成本 + 短缺成本）。

【例2·多选】运用成本模型确定企业最佳现金持有量时，现金持有量与持有成本之间的关系表现为（　　）。（2013年考题）
A. 现金持有量越小，总成本越大
B. 现金持有量越大，机会成本越大
C. 现金持有量越小，短缺成本越大
D. 现金持有量越大，管理总成本越大
【答案】BC

【解析】现金持有量越大，机会成本越大，短缺成本越小。

★★考点3. 目标现金持有量的确定——随机模型（米勒—奥尔模型）

（1）基本原理

两条控制线，一条回归线。

当企业现金余额在最高控制线（上限）和最低控制线（下限）之间波动时，表明企业现金持有量处于合理的水平，无需进行调整。当现金余额达到上限时，则将部分现金转换为有价证券；当现金余额下降到下限时，则卖出部分有价证券。

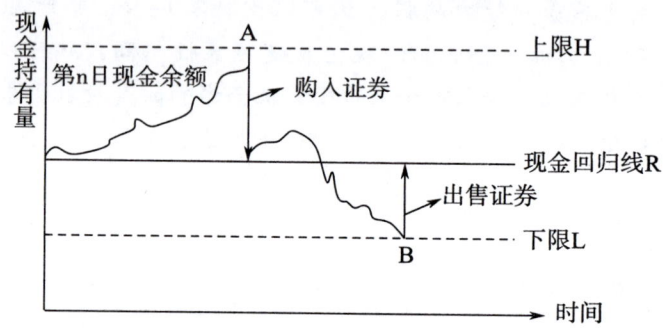

（2）公式

①最低控制线L的确定。最低控制线L取决于模型之外的因素，如短缺现金的风险程度、公司借款能力、公司日常周转所需资金、银行要求的补偿性余额等。

②最高控制线的确定。

$$H = 3R - 2L$$

【注意】其中，H为最高控制线，R为回归线，L为最低控制线。

【例3·单选】某上市公司利用随机模型确定最佳现金持有量，已知现金余额下限为200万元，目标现金余额为360万元，则现金余额上限为（　　）万元。（2017年）

A.480　　　　　B.560　　　　　C.960　　　　　D.680

【答案】D

【解析】H = 3R − 2L = 3×360 − 2×200 = 680（万元），所以选项D正确。

三、现金管理模式（2018年变动）

★考点1. 收支两条线的管理模式（2018年新增）

目的	（1）减少现金持有成本，加速资金周转，提高资金使用效率 （2）以实施收支两条线为切入点，通过高效的价值化管理提高企业效益
资金流向方面	要求设立收入户和支出户，严禁现金坐支
资金流量方面	确保所有收入的资金都进入收入户，不允许有私设的"账外小金库"

续表

资金流程方面	(1) 关于账户管理、货币资金安全性等规定 (2) 收入资金管理与控制 (3) 支出资金管理与控制 (4) 资金内部结算与信贷管理与控制 (5) 收支两条线的组织保障等

★ **考点 2. 集团企业资金集中管理模式的种类** (2018 年变动)

统收统支模式	企业的一切资金收付都集中在<u>集团总部的财务部门</u>，适用于规模比较小的企业
拨付备用金模式	集团按照一定的期限统拨给所有所属分支机构或子企业一定数额的备用金，适用于<u>经营规模小的企业</u>，比统收统支模式稍灵活
结算中心模式	由企业集团内部设立专门机构，办理内部各成员现金收付和往来结算
内部银行模式	将社会银行的基本职能与管理方式引入企业内部管理机制而建立起来的一种内部资金管理机构，主要职责是进行企业或集团内部日常的往来结算和资金调拨、运筹。适用于具有较多<u>责任中心</u>的企事业单位
财务公司模式	(1) 财务公司是经营部分银行业务的非银行金融机构，需要经过<u>人民银行审核批准</u>才能设立 (2) 财务公司负责开展集团内部资金集中结算，同时为集团成员企业提供包括存贷款、融资租赁、担保、信用鉴证、债券承销、财务顾问等在内的全方位金融服务

【例 4 · 判断】企业内部银行是一种经营部分银行业务的非银行金融机构，需要经过中国人民银行审核批准才能设立。（　　）（2014 年）

【答案】×

【解析】财务公司是一种经营部分银行业务的非银行金融机构，需要经过中国人民银行审核批准才能设立。

四、现金收支日常管理

★★ **考点 1. 现金周转期**

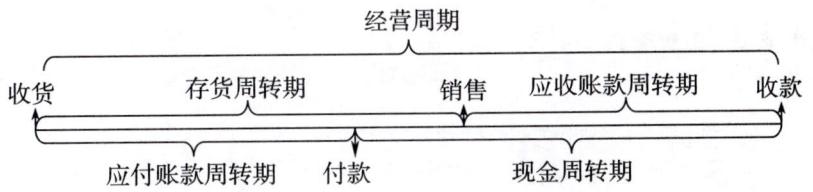

现金周转期 = 存货周转期 + 应收账款周转期 − 应付账款周转期
　　　　　= 经营周期 − 应付账款周转期

其中：

存货周转期＝存货平均余额/每天的销货成本

应收账款周转期＝应收账款平均余额/每天的销货收入

应付账款周转期＝应付账款平均余额/每天的购货成本

【例5·单选】某公司存货周转期为160天，应收账款周转期为90天，应付账款周转期为100天，则该公司的现金周转期为（　　）天。(2014年)

A. 30　　　　　B. 60　　　　　C. 150　　　　　D. 260

【答案】C

【解析】现金周转期＝存货周转期＋应收账款周转期－应付账款周转期＝160＋90－100＝150（天），所以选项C正确。

★★★考点2. 减少现金周转期的措施

（1）减少存货周转期（如：加快制造与销售产成品）

（2）减少应收账款周转期（如：加速应收账款的回收）

（3）延长应付账款周转期（如：减缓支付应付账款）

【例6·多选】下列管理措施中，可以缩短现金周转期的有（　　）。(2016年)

A. 提前偿还短期融资券　　　　　B. 利用商业信用延期付款

C. 加大应收账款催收力度　　　　D. 加快制造和销售产品

【答案】BCD

【解析】现金周转期＝存货周转期＋应收账款周转期－应付账款周转期，故选项BCD正确。

【例7·多选】下列各项措施中，能够缩短现金周转期的有（　　）。(2015年)

A. 减少对外投资　　　　　　　　B. 延迟支付货款

C. 加速应收账款的回收　　　　　D. 加快产品的生产和销售

【答案】BCD

【解析】现金周转期＝存货周转期＋应收账款周转期－应付账款周转期。对外投资不影响现金周转期，所以选项A不正确；延迟支付货款会延长应付账款周转期，从而可以缩短现金周转期，所以选项B正确；加速应收账款的回收会缩短应收账款周转期，从而可以缩短现金周转期，所以选项C正确；加快产品的生产和销售会缩短产品生产周期，意味着存货周转期缩短，从而可以缩短现金周转期，所以选项D正确。

★★★考点3. 收款管理

（1）收款系统

收款成本	（1）浮动期成本（收款在途项目产生的机会成本） （2）管理收款系统相关费用（银行手续费） （3）第三方处理费用或清算相关费用
收款浮动期	（1）邮寄浮动期：从付款人寄出支票到收款人或其处理系统收到支票的时间间隔 （2）处理浮动期：是指支票的接受方处理支票和将支票存入银行以收回现金所花的时间 （3）结算浮动期：通过银行系统进行支票结算所需的时间

(2) 收款方式的改善（2018年新增）

电子支付方式对比纸基支付方式是一种改进，有如下优点：

①结算时间和资金可用性可以预计。

②支付具有灵活性，不受人工干扰。

③汇款信息与支付同时传送，更容易更新应收账款。

④减少或消除了收款浮动期，降低了成本，过程更容易控制，提高了预测精度。

考点4. 付款管理

付款管理的措施：使用现金浮游量、推迟应付款的支付、汇票代替支票、改进员工工资支付模式、透支、争取现金流出与现金流入同步及使用零余额账户。

第三节 应收账款管理

一、应收账款的功能

考点1. 应收账款功能

增加销售、减少库存。

二、应收账款的成本

★ 考点1. 应收账款成本

成本类型	含义
机会成本	因投放于应收账款而放弃其他投资所带来的收益
管理成本	在进行应收账款管理时，所增加的费用
坏账成本	无法收回应收账款而发生的损失

【例1·单选】企业将资金投放于应收账款而放弃其他投资项目，就会丧失这些投资项目可能带来的收益，则该收益是（　　）。（2017年）

A. 应收账款的管理成本

B. 应收账款的机会成本

C. 应收账款的坏账成本

D. 应收账款的短缺成本

【答案】B

【解析】应收账款会占用企业一定量的资金，而企业若不把这部分资金投放于应收账款，便可以用于其他投资并可能获得收益，例如投资债券获得利息收入。这种因投放于应收账款而放弃其他投资所带来的收益，即为应收账款的机会成本，本题选项B正确。

三、信用政策

★ **考点1. 信用的定量分析——比率分析法**

考核指标类别	典型指标
流动性和营运资本比率	流动比率、速动比率以及现金对负债总额比率
债务管理和支付比率	利息保障倍数、长期债务对资本比率、带息债务对资产总额比率，以及负债总额对资产总额比率
盈利能力	销售回报率、总资产回报率和净资产收益率

【注意】将这些指标和信用评级机构及其他协会发布的行业标准进行比较，可以观察申请人的信用状况。

【例2·单选】企业在进行商业信用定量分析时，应当重点关注的指标是（ ）。
A. 发展创新评价指标
B. 企业社会责任指标
C. 流动性和债务管理指标
D. 战略计划分析指标
【答案】C
【解析】企业进行商业信用的定量分析考核应当重点关注的指标：流动性和营运资本比率、债务管理和支付比率、盈利能力指标。

四、信用条件

考点1. 信用条件三要素

表示方法：折扣率/折扣期，N/信用期间。

【例子】2/10，1/20，n/30：10天之内（含10天）付款享受2%的现金折扣，20天内（含20天）付款享受1%的现金折扣，30天内（含30天）付款不享受折扣。

★★★ **考点2. 信用条件决策——信用条件实行与否**

盈利的增加	=增加的销售量×单位边际贡献=增加的销售额×（1－变动成本率）
增加的成本费用 — 应收账款占用资金的应计利息增加	①应收账款应计利息=日销售额×平均收现期×变动成本率×资本成本 ②应收账款占用资金的应计利息增加=新信用政策占有资金的应计利息－原信用政策占用资金的应计利息
增加的成本费用 — 应收账款收账费用的增加	会直接给出，只需计算增加额即可

续表

增加的成本费用	应收账款坏账损失的增加	根据坏账损失率计算，然后计算增加额
	现金折扣的增加	①现金折扣成本 = 赊销额×折扣率×享受折扣的客户比率 ②现金折扣成本增加 = 新的销售水平×享受现金折扣的顾客比例×新的现金折扣率 – 旧的销售水平×享受现金折扣的顾客比例×旧的现金折扣率
	存货占用资金应计利息增加	= 存货增加量×单位变动成本×资金成本
	应付账款增加导致的占用资金应计利息减少（备抵项）	= 应付账款平均余额增加×资本成本

【注意】盈利的增加 > 增加的成本费用，该信用条件可行。

【例子】信用条件：2/10，1/20，n/30；销售额：1 000 万元。假设 50% 的客户享受 2% 的折扣，30% 享受 1% 折扣，20% 不享受折扣。则现金折扣成本 = 1 000 ×50% ×2% + 1 000 ×30% ×1% = 13（万元）。

【例子】原来在信用政策之下应付账款的余额 10 万元，信用政策改变后应付账款的余额变成了 15 万元，应付账款增加 5 万元，假设资本成本是 10%，带来利息节约 5 × 10% = 0.5（万元）。

【例 3·计算】B 公司是一家制造类企业，产品的变动成本率为 60%，一直采用赊销方式销售产品，信用条件为 N/60。如果继续采用 N/60 的信用条件，预计 2011 年赊销收入净额为 1 000 万元，坏账损失为 20 万元，收账费用为 12 万元。

为扩大产品的销售量，B 公司拟将信用条件变更为 N/90。在其他条件不变的情况下，预计 2011 年赊销收入净额为 1 100 万元，坏账损失为 25 万元，收账费用为 15 万元。假定等风险投资最低报酬率为 10%，一年按 360 天计算，所有客户均于信用期满付款。

要求：

(1) 计算信用条件改变后 B 公司收益的增加额；

(2) 计算信用条件改变后 B 公司应收账款成本增加额；

(3) 为 B 公司做出是否应改变信用条件的决策并说明理由。(2011 年)

【答案】(1) 增加的收益 = （1 100 – 1 000）× （1 – 60%） = 40（万元）

(2) 增加的应收账款应计利息 = 1 100/360 ×90 ×60% ×10% – 1 000/360 ×60 ×60% ×10% = 6.5（万元）

增加的坏账损失 = 25 – 20 = 5（万元）

增加的收账费用 = 15 – 12 = 3（万元）

增加的应收账款成本总额 = 6.5 + 5 + 3 = 14.5（万元）

(3) 增加的税前损益 = 40 – 14.5 = 25.5（万元），大于零，所以应改变信用条件。

五、应收账款的监控

考点 1. 应收账款周转天数

意义	应收账款周转天数或平均收账期是衡量应收账款管理状况的一种方法
相关指标	应收账款周转天数 = 应收账款余额/平均日销售额 平均逾期天数 = 应收账款周转天数 – 平均信用期天数

★★★ 考点 2. 应收账款账户余额的模式

含义	反映了一定期间（如一个月）的赊销额，在发生赊销的当月月末及随后的各月仍未偿还的<u>百分比（余额）</u>
作用	①通过将当前的模式和过去的模式进行对比来评价应收账款的账户余额模式的任何变化（评价收账效率） ②运用应收账款账户余额的模式来进行应收账款金额水平的计划，以及预测未来的现金流

【例 4·多选】运用应收账款余额控制模式进行应收账款管理可以发挥的作用有（　　）。(2014 年)

A. 预测公司的现金流量
B. 预计应收账款的水平
C. 反映应付账款的周转速度
D. 评价应收账款的收账效率

【答案】ABD

【解析】企业管理部门通过将当前的模式和过去的模式进行对比来评价应收账款余额模式的任何变化。企业还可以运用应收账款账户余额的模式来计划应收账款金额水平，衡量应收账款的收账效率以及预测未来的现金流。

六、应收账款保理

★★ 考点 1. 应收账款保理分类

是否有追索权	有追索权保理 （非买断型）	供应商将<u>债权转让给保理商</u>，供应商向保理商融通资金后，如果<u>购货商拒绝付款</u>或<u>无力付款</u>，保理商<u>有权</u>向<u>供应商</u>要求偿还预付的货币资金
	无追索权保理 （买断型）	保理商将销售合同<u>完全买断</u>，并<u>承担全部的收款风险</u>
是否将保理情况通知购货商	明保理	保理商和供应商需要将销售合同被转让的情况<u>通知购货商</u>，并签订保理商、供应商、购货商之间的<u>三方合同</u>
	暗保理	供应商为了避免让客户知道自己因流动资金不足而转让应收账款，并<u>不将债权转让情况通知客户</u>，货款到期时仍由销售商出面催款，再向银行偿还借款

【注意】有追索权保理。

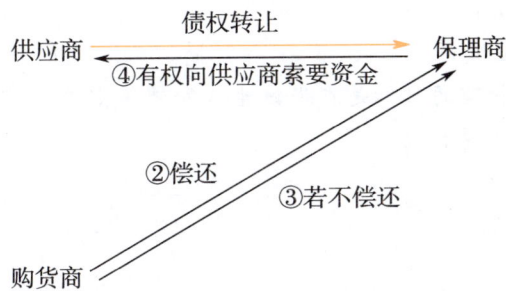

【例5·单选】在应收账款保理业务中，保理商和供应商将应收账款被转让的情况通知购货商，并签订三方合同，同时，供应商向保理商融通资金后，如果购货商拒绝付款，保理商有权向供应商要求偿还融通的资金，则这种保理是（　　）。（2017年）

A. 暗保理，且是无追索权的保理
B. 明保理，且是有追索权的保理
C. 暗保理，且是有追索权的保理
D. 明保理，且是无追索权的保理

【答案】B

【解析】有追索权保理是指供应商将债券转让给保理商，供应商向保理商融通货币资金后，如果购货商拒绝付款或无力付款，保理商有权向供应商要求偿还预付的货币资金，如购货商破产或无力支付，只要有关款项到期未能收回，保理商都有权向供应商进行追索，因而保理商具有全部"追索权"。这种保理方式在我国采用较多。明保理是指保理商和供应商需要将销售合同被转让的情况通知购货商，并签订保理商、供应商、购货商之间的三方合同，因此本题选项B正确。

考点2. 应收账款保理的作用

(1) 融资功能
(2) 减轻企业应收账款管理负担
(3) 减少坏账损失，降低经营风险
(4) 改善企业的财务结构（如应收账款与货币资金的置换）

第四节　存货管理

一、存货管理的目标

★考点1. 存货管理目标

在保证生产和销售需要的前提下，**最大限度地降低存货成本**。具体包括以下几方面：
(1) 保证生产正常进行
(2) 有利于销售

(3) 便于维持均衡生产，降低产品成本

(4) 降低存货取得成本

(5) 防止意外事件发生

【例 1·判断】存货管理的目标是在保证生产和销售需要的前提下，最大限度地降低存货成本。（　　）（2013 年）

【答案】√

【解析】题目表述正确。

二、存货的成本（TC）

★考点 1. 存货成本分类

取得成本	订货成本	变动	与订货次数成正比，每次发生额相等，为进货批量决策相关成本，如差旅费、邮资
		固定	与订货次数无关，为进货批量决策无关成本，如常设采购机构的基本开支
	购置成本		在存货年需要量和单价不变的情况下，为进货批量决策无关成本
储存成本	变动		与存货数量（平均库存量）成正比，为进货批量决策相关成本，如存货资金的应计利息、存货的破损和变质损失、存货的保险费用
	固定		与存货数量无关，为进货批量决策无关成本，如仓库折旧、仓库职工的固定工资
缺货成本	允许缺货		缺货成本与存货数量反向相关，属于进货批量决策的相关成本
	不允许缺货		缺货成本为 0，为进货批量决策无关成本

【例 2·单选】下列各项中，不属于存货储存成本的是（　　）。（2012 年）

A. 存货仓储费用

B. 存货破损和变质损失

C. 存货储备不足而造成的损失

D. 存货占用资金的应计利息

【答案】C

【解析】存货储备不足而造成的损失属于存货的缺货成本。

三、最优存货量的确定

考点 1. 相关成本

变动订货成本 = 年订货次数 × 每次订货成本 = $(D/Q) \times K$

变动储存成本 = 年平均库存 × 单位储存成本 = $(Q/2) \times K_c$

相关成本 = 变动订货成本 + 变动储存成本

$$= 每次订货费用 \times \frac{存货年需要量}{批量} + 每期单位变动储存成本 \times \frac{批量}{2}$$

★考点 2. 经济订货批量

使变动储存成本与变动订货成本之和达到**最小值**,或是使二者相等的订货批量。

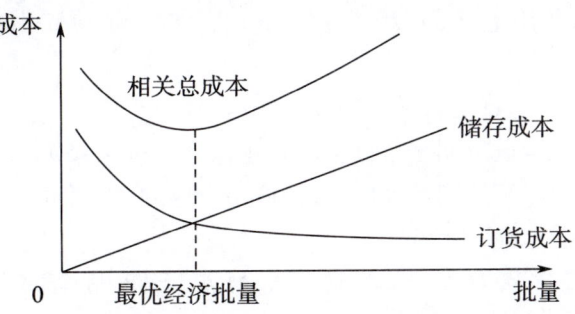

【例 3·判断】企业的存货总成本随着订货批量的增加而呈正方向变化。(　　)(2012 年)

【答案】×

【解析】企业的存货总成本随着订货批量的增加先呈现递减趋势,此时是反向变化;在变动订货成本和变动储存成本相等时,企业的总成本达到最低;然后随着订货批量的增加再提高,此时是正向变化。所以本题的说法不正确。

★考点 3. 经济订货批量相关公式

(1) 经济订货量(EOQ)基本公式

$$EOQ = \sqrt{\frac{2KD}{K_c}}$$

(2) 每期存货的相关总成本

$$TC(EOQ) = \sqrt{2KDK_c}$$

= 变动订货成本 + 变动储存成本

= 2 × 变动订货成本

= 2 × 变动储存成本

(3) 最佳订货次数 = 存货年需求总量 ÷ 经济订货批量 = D/Q

(4) 最佳订货周期(年) = 1/每年最佳订货次数 (2018 新增)

式中,K 为每次订货费用,D 为每期对存货的总需求,K_c 为每期单位变动储存成本,Q 为每次订货批量。

四、基本模型的扩展

考点 1. 再订货点

再订货点就是在提前订货的情况下,为确保存货用完时订货刚好到达,企业再次发出订货单时应保持的**存货库存量**,相当于**交货期内的存货需求量**。

再订货点 = 平均每日需要量 × 订货提前期(平均交货时间)

【例子】订货日至到货期的时间为 5 天,每日存货需用量为 20 千克,求再订货点。

R = 20 × 5 = 100(千克)

★★★ 考点2. 存货陆续供应和使用

【例子】喜洋洋果汁厂计划每批总采购橙子数量（Q）1 000个，厂家每天送货量（P）50个，车间每天领用量（d）20个橙子进行生产，则冷库中橙子的库存量将如何变化？

（1）送货期 = 批量/每日送货量 = 1 000 ÷ 50 = 20（天）

（2）送货期耗用量 = 送货期 × 每日生产领用量 = 1 000 ÷ 50 × 20 = 400（个）

（3）该批送完时，库存达到最大值 = 1 000 − 400 = 600（个）

送货期内平均库存 = 300（个）

【答案】设每批订货数为 Q，每日送货量为 p，该批货全部送达所需日数即送货期为：

送货期 = Q/p

假设每日耗用量为 d，则送货期内的全部耗用量为：

送货期耗用量 = $Q/p \times d$

由于零件边送边用，所以每批送完时，则送货期内平均库存量为：

送货期内平均库存量 = $\dfrac{1}{2}\left(Q - \dfrac{Q}{p} \times d\right) = \dfrac{Q}{2} \times \left(1 - \dfrac{d}{p}\right)$

变动储存成本 = $\dfrac{Q}{2}\left(1 - \dfrac{d}{p}\right) K_c$

变动订货成本 = $\dfrac{D}{Q} K$

当变动储存成本和变动订货成本相等时，相关总成本最小，此时的订货量即为经济订货量。

$$EOQ = \sqrt{\dfrac{2KD}{K_c\left(1 - \dfrac{d}{p}\right)}} = \sqrt{\dfrac{2KD}{K_c} \times \dfrac{p}{p-d}}$$

$$TC(Q) = \sqrt{2KDK_c \times \left(1 - \dfrac{d}{p}\right)}$$

【例子】某零件年需用量（D）为3 600件，每日送货量（P）为30件，每日耗用量（d）为10件，单价（U）为10元，一次订货成本（K）为25元，单位储存变动成本（Kc）为2元。要求计算该零件的经济订货量和相关总成本。

将例中数据代入相关公式，则：

$$EOQ = \sqrt{\dfrac{2 \times 25 \times 3\,600}{2}} \times \sqrt{\dfrac{30}{30-10}} = 367（件）$$

$$TC(Q) = \sqrt{2 \times 25 \times 3\,600 \times 2 \times \left(1 - \dfrac{10}{30}\right)} = 490（元）$$

【例4·计算】丙公司是一家设备制造企业，每年需要外购某材料108 000千克，现有S和T两家符合要求的材料供应企业，它们所提供的材料质量和价格都相同。公司计划从两家企业中选择一家作为供应商。相关数据如下：

（1）从S企业购买该材料，一次性入库。每次订货费用为5 000元，年单位材料变动储存成本为30元/千克。假设不存在缺货。

(2) 从T企业购买该材料,每次订货费用为6 050元,年单位材料变动储存成本为30元/千克。材料陆续到货并使用,每日送货量为400千克,每日耗用量为300千克。

要求:

(1) 利用经济订货基本模型。计算从S企业购买材料的经济订货批量和相关存货总成本。

(2) 利用经济订货扩展模型。计算从T企业购买材料的经济订货批量和相关存货总成本。(2017年)

【答案】

(1) 从S企业购买材料:

经济订货批量 = $\sqrt{\dfrac{2 \times 108\,000 \times 5000}{30}}$ = 6 000(千克)

相关存货总成本 = $\sqrt{2 \times 108\,000 \times 5\,000 \times 30}$ = 180 000(元)

(2) 从T企业购买材料:

经济订货批量 = $\sqrt{\dfrac{2 \times 108\,000 \times 6\,050}{30 \times \left(1 - \dfrac{300}{400}\right)}}$ = 13 200(千克)

相关存货总成本 = $\sqrt{2 \times 108\,000 \times 5\,000 \times 30 \times \left(1 - \dfrac{300}{400}\right)}$ = 99 000(元)

基于成本最优原则,从T企业购买材料的相关存货总成本小于从S企业购买材料的相关存货总成本,所以应该选择T企业作为供应商。

五、保险储备

考点1. 保险储备的含义

按照某一订货量和再订货点(平均交货时间×平均每日需要量)发出订单后,如果需求增大或送货延迟,就会发生缺货或供货中断。为防止由此造成的损失,就需要**多储备一些存货以备应急之需**,称为<u>保险储备</u>。

★**考点2. 考虑保险储备的再订货点**

R = 预计交货期内的需求 + 保险储备

= 交货时间 × 平均日需求量 + 保险储备

【例5·单选】某公司全年需要零配件72 000件,假设一年按360天计算,按经济订货基本模型计算的最佳订货量为9 000件,订货日至到货日的时间为3天,公司确定的保险储备为1 000件,则再订货点为( )件。(2017年)

A.1 600 B.4 000 C.600 D.1 075

【答案】A

【解析】再订货点 = 72 000/360 × 3 + 1 000 = 1 600(件),所以选项A正确。

★ **考点3. 保险储备确定的方法**

<u>最佳的保险储备</u>应该是使缺货损失和保险储备的储存成本之和<u>达到最低</u>。

【例6·单选】在交货期内,如果存货需求量增加或供应商交货时间延迟,就可能发生缺货。为此,企业应保持的最佳保险储备量是(   )。(2012年)

A. 使保险储备的订货成本与持有成本之和最低的存货量

B. 使缺货损失和保险储备的持有成本之和最低的存货量

C. 使保险储备的持有成本最低的存货量

D. 使缺货损失最低的存货量

【答案】B

【解析】最佳的保险储备应该是使缺货损失和保险储备的持有成本之和达到最低。所以本题正确答案为B。

六、存货的控制系统

★ **考点1. ABC 控制系统**

类别	特点	管理方法
A类	品种数量约占全部库存的10%~15%,但价值约占全部库存的50%~70%	重点控制、严格管理
B类	品种数量约占全部库存的20%~25%,但价值约占全部库存的15%~20%	一般管理
C类	品种数量约占全部库存的60%~70%,但价值约占全部库存的10%~35%	一般管理

【注意】对B类和C类存货的重视程度<u>依次降低</u>。

【例7·单选】采用 ABC 控制法进行存货管理时,应该重点控制的存货类别是(   )。(2013年)

A. 品种较多的存货 B. 数量较多的存货

C. 库存时间较长的存货 D. 单位价值较大的存货

【答案】D

【解析】ABC 控制法就是把企业种类繁多的存货,依据其重要程度、价值大小或者资金占用等标准分为三大类:A、B、C 三类。针对不同类别的存货分别采用不同的管理方法,A 类存货应作为管理的重点,实行重点控制、严格管理;而对B类和C类存货的重视程度则可依次降低,采取一般管理。所以本题答案为D。

★ **考点2. 适时制库存控制系统 (JIT)**

基本做法	①当制造企业需要原料或零件时,供应商将原料和零件送来 ②当产品生产出来时就被客户拉走
特点	库存<u>持有水平</u>可<u>大大下降</u>
适用情况	稳定而标准的<u>生产程序</u>以及<u>供应商的诚信</u>

【例8·判断】某公司推行适时制(JIT),对公司管理水平提出了更高的要求,因此该公司应采用宽松的流动资产投资策略(   )。(2017年)

【答案】×

【解析】采用紧缩的流动资产投资策略，无疑对企业的管理水平有较高的要求。存货控制的适时管理系统（JIT），便是其中一个突出的代表。

第五节　流动负债管理

一、短期借款的信用条件

★**考点1. 信贷额度（贷款限额）VS 周转信贷协定**

条款	含义	特点
信贷额度	借款企业与银行在协议中规定的借款<u>最高限额</u>	（1）有限期限通常为<u>1年</u> （2）银行<u>并不承担</u>必须支付全部信贷数额的义务
周转信贷协定	银行具有<u>法律义务</u>地承诺提供不超过某一最高限额的贷款协定	（1）协定的有效期内，只要企业借款总额未超过最高限额，银行<u>必须满足</u>企业任何时候提出的借款要求 （2）企业通常要对贷款限额的<u>未使用</u>部分付给银行一笔<u>承诺费用</u> （3）有效期通常超过1年

【例子】某企业与银行商定的周转信贷额度为5 000万元，年度内实际使用了2 800万元，承诺费率为0.5%，企业应向银行支付的承诺费为：

信贷承诺费 =（5 000 - 2 800）×0.5% = 11（万元）

【例1·单选】某企业从银行获得附有承诺的周转信贷额度为1 000万元，承诺费率为0.5%，年初借入800万元，年底偿还，年利率为5%。则该企业负担的承诺费是（　　）。（2012年）

A.1万元　　　　　B.4万元　　　　　C.5万元　　　　　D.9万元

【答案】A

【解析】该企业负担的承诺费 =（1 000 - 800）×0.5% = 1（万元）。

★**考点2. 补偿性余额**

（1）含义

补偿性余额是指银行要求借款企业在银行中**保持按贷款限额或实际借用额一定比例**计算的最低存款余额。

（2）影响

①对于银行——降低贷款风险。

②对于企业——提高了借款的实际利率（降低了实际可用资金额）。

【例子】某企业向银行借款800万元，利率为6%，银行要求保留10%的补偿性余额，则企业实际可动用的贷款为720万元，该借款的实际利率为：

该借款实际利率 = 800×6%/720 = 6%/（1 - 10%）= 6.67%

【例2·单选】某公司向银行借款100万元，年利率为8%，银行要求保留12%的补

偿性余额，则该借款的实际年利率为（　　）。(2015年)

A.6.67%　　　　B.7.14%　　　　C.9.09%　　　　D.11.04%

【答案】C

【解析】借款的实际利率＝100×8%÷[100×(1-12%)]＝9.09%，所以选项C正确。

二、短期借款的成本

★★考点1. 利息支付方式

利息支付方式		实际利率
收款法	借款到期时还本付息（利随本清）	名义利率
贴现法（折价法）	发放贷款时先从本金中扣除利息，到期时偿还本金	$\dfrac{报价利率}{1-报价利率}$
加息法	分期等额偿还本息	名义利率×2

【注意】(1) 贴现法下企业可以利用的贷款只是本金减去利息部分后的差额，因此，贷款的实际利率要高于名义利率；(2) 加息法由于贷款本金分期均衡偿还，借款企业实际上只平均使用了贷款本金的一半，却支付了全额利息，这样企业所负担的**实际利率便要高于名义利率大约1倍**。

【总结】收款法、贴现法、加息法、补偿性余额的名义利率与实际利率比较：

收款法：实际利率＝名义利率

贴现法：实际利率＞名义利率

加息法：实际利率＞名义利率

补偿性余额：实际利率＞名义利率

【例子】某企业从银行取得借款200万元，期限1年，利率6%，利息12万元。按贴现法付息，企业实际可动用的贷款为188万元，该借款的实际利率为多少？

$$借款实际利率=\dfrac{200\times6\%}{188}=\dfrac{6\%}{1-6\%}=6.38\%$$

【例子】某企业借入（名义）年利率为12%的贷款20 000元，分12个月等额偿还本息。该项借款的实际年利率为多少？

$$实际年利率=\dfrac{20\,000\times12\%}{20\,000/2}\times100\%=24\%$$

【例3·单选】某企业获100万元的周转信贷额度，约定年利率为10%，承诺费率为0.5%，年度内企业实际动用贷款60万元，使用了12个月，则该笔业务在当年实际的借款成本为（　　）万元。(2017年)

A.10　　　　B.10.2　　　　C.6.2　　　　D.6

【答案】C

【解析】利息＝60×10%＝6（万元），承诺费＝(100-60)×0.5%＝0.2（万元），则实际的借款成本＝6+0.2＝6.2（万元），本题选项C正确。

二、短期融资券

★考点1. 短期融资券的筹资特点

（1）相对于<u>发行企业债券筹资</u>而言，发行短期融资券的筹资<u>成本较低</u>
（2）相对于<u>银行借款筹资</u>而言，短期融资券一次性的<u>筹资数额比较大</u>
（3）发行短期融资券的<u>条件比较严格</u>，必须具备一定的信用等级的实力强的企业，才能发行短期融资券筹资

【注意】发行和交易的对象是银行间债券市场的机构投资者，不向社会公众发行和交易。

【例4·单选】下列关于短期融资券的表述中，错误的是（   ）。（2013年）
A. 短期融资券不向社会公众发行
B. 必须具备一定信用等级的企业才能发行短期融资券
C. 相对于发行公司债券而言，短期融资券的筹资成本较高
D. 相对于银行借款筹资而言，短期融资券的一次性筹资数额较大
【答案】C
【解析】相对于发行企业债券而言，发行短期融资券的筹资成本较低。所以选项C的说法不正确。

三、商业信用

★考点1. 商业信用含义及具体形式

含义	是指在商品或劳务交易中，以延期付款或预收货款方式进行购销活动而形成的企业间的借贷关系，是一种"自动性筹资"
具体形式	应付账款 应付票据 预收货款 应计未付款（应付职工薪酬、应付股利等）

【注意】应付账款是需要考虑商业信用条件的，商业信用条件通常包括两种：（1）<u>有信用期，但无现金折扣</u>，此时是<u>没有成本</u>的；（2）<u>有信用期和现金折扣</u>，此时是要考虑<u>放弃现金折扣的信用成本</u>的。

【例5·判断】应付账款是供应商给企业提供的一种商业信用，采用这种融资方式是没有成本的。（   ）（2017年）
【答案】×
【解析】应付账款是供应商给企业提供的一种商业信用。由于购买者往往在到货一段时间后才付款，商业信用就成为企业短期资金来源。而应付账款是需要考虑商业信用条件的，商业信用条件通常包括两种：第一，有信用期，但无现金折扣。此时是没有成本的；第二，有信用期和现金折扣。此时是要考虑放弃现金折扣的信用成本的，所以这种融资方式并非一定是没有成本的。

★★★ 考点 2. 放弃现金折扣的信用成本和决策

（1）放弃现金折扣的信用成本

供应商在信用条件中规定有现金折扣，目的在于加速资金回收。企业在决定是否享受现金折扣时，应仔细考虑。通常，放弃现金折扣的成本是高昂的。

$$\text{放弃折扣的信用成本率} = \frac{\text{折扣\%}}{1-\text{折扣\%}} \times \frac{360}{\text{信用期}-\text{折扣期}}$$

①同向变化因素：折扣率、折扣期。
②反向变化因素：信用期。
③放弃现金折扣的信用成本与货款额和折扣额无关。

【例子】以信用条件"2/10，n/30"为例，假设应付款金额为 100 元。如果第 10 天付款，只需要付 98 元，如果等到第 30 天需要付 100 元。

【答案】如果企业放弃现金折扣，则相当于 98 元用 20 天，后连本带利支付 100 元，利息是 2 元。

$$\text{故放弃现金折扣的年成本} = \frac{2\%}{98\%} \times \frac{360}{30-10} = 36.73\%$$

（2）放弃现金折扣的信用成本决策

①放弃现金折扣的信用成本率**大于**短期借款利率，应选择享受折扣。
②放弃现金折扣的信用成本率**小于**短期借款利率，应选择放弃折扣。

【例 6·计算】丙商场季节性采购一批商品，供应商报价为 1 000 万元。付款条件为"3/10，2.5/30，N/90"。目前丙商场资金紧张，预计到第 90 天才有资金用于支付，若要在 90 天内付款只能通过借款解决，银行借款年利率为 6%。假定一年按 360 天计算。有关情况如表 3 所示：

表 3　应付账款折扣分析表　　　　　　金额单位：万元

付款日	折扣率	付款额	折扣额	放弃折扣的信用成本	银行借款利息	享受折扣的净收益
第 10 天	3%	×	30	×	（A）	（B）
第 30 天	2.5%	×	（C）	（D）	×	15.25
第 90 天	0	100	0	0	0	0

注：表中"×"表示省略的数据。

要求：
（1）确定表 3 中字母代表的数值（不需要列式计算过程）；
（2）请做出选择，并说明理由。（2016 年）

【答案】（1）A = 1 000 × (1 - 3%) × 6%/360 × (90 - 10) = 12.93（万元）
B = 1 000 × 3% - 12.93 = 17.07（万元）
C = 1 000 × 2.5% = 25（万元）
D = [2.5%/(1 - 2.5%)] × [360/(90 - 30)] = 15.38%

（2）应当选择在第 10 天付款。

理由：在第 10 天付款，净收益为 17.07 万元；在第 30 天付款，净收益为 15.25 万元；在第 90 天付款，净收益为 0。所以应当选择净收益最大的第 10 天付款。

【注意】两次选择：先低后高。

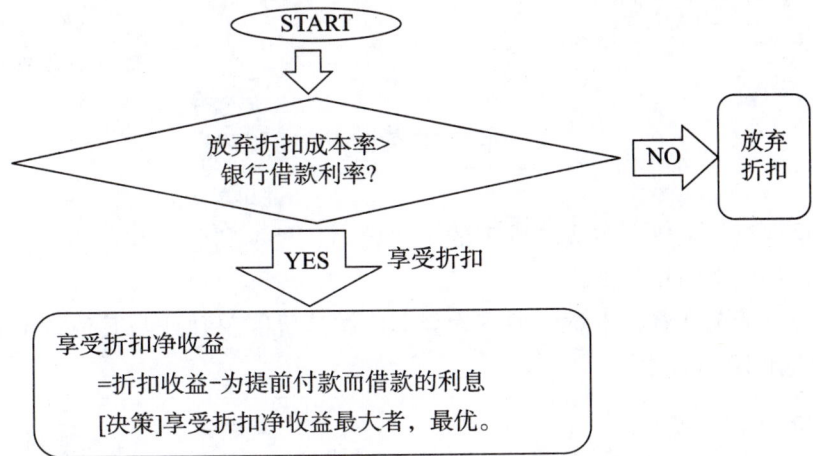

★★★ **考点3. 商业信用筹资的优缺点**

优点	(1) <u>容易取得</u> (2) 企业有<u>较大的机动权</u> (3) 企业一般<u>不用提供担保</u>
缺点	(1) <u>筹资成本高</u> (2) <u>容易恶化</u>企业的<u>信用水平</u> (3) <u>受外部环境影响较大</u>

【例7·多选】一般而言，与短期融资券和短期借款相比，商业信用融资的优点有（　　）。(2014年)

A.融资数额较大　　　　　　　B.融资条件宽松
C.融资机动权大　　　　　　　D.不需提供担保

【答案】BCD
【解析】商业信用筹资的优点：商业信用容易获得（商业信用的提供方一般不会对企业的经营状况和风险作严格的考量，由此可知选项B是答案）、企业有较大的机动权、企业一般不用提供担保。

四、流动负债的利弊

考点1. 流动负债利弊

（1）利
①**容易获得，灵活性**，有效地为季节性信贷需要融资的能力。
②**创造了需要融资和获得融资之间的同步性**。
③短期借款一般比长期借款具**有更少的约束性条款**。
（2）弊
需要持续的重新谈判或滚动安排负债。

检测3

第八章 成本管理

本章考情分析

思维导图

本章为重点章，主要介绍成本管理的主要内容、量本利分析与应用、标准成本、作业成本以及责任成本的相关知识。

从历年考试情况来看，本章题型较为全面，尤其可能单独或与其他章节合并出主观题，平均分值在10分以上。

年份 题型	2014年		2015年		2016年		2017年卷一		2017年卷二	
	题量	分值	题量	分值	题量	分值	题量	分值	题量	分值
单选题	2	2	3	3	4	4	4	4	3	3
多选题	–	–	1	2	1	2	1	2	1	2
判断题	1	1	1	1	1	1	1	1	1	1
计算题	1	5	–	–	–	–	–	–	1	3
综合题	1	7	1	4	1	6	1	4	1	5
合计	–	15	–	10	–	13	–	11	–	14

第一节 成本管理概述

一、成本管理的意义

考点1. 成本管理的意义

（1）**降低成本**，为企业扩大再生产创造条件

（2）**增加企业利润**，提高企业经济效益

（3）**帮助企业取得竞争优势**，增强企业的竞争能力和抗压能力

二、成本管理的目标

考点1. 总体目标

竞争战略分类	成本管理总目标
成本领先战略	追求成本水平的绝对降低
差异化战略	在保证实现产品、服务等方面差异化的前提下，对产品全生命周期成本进行管理，实现成本的持续降低

三、成本管理的主要内容

★考点1. 成本管理主要内容

成本规划 → 成本核算 → 成本控制 → 成本分析 → 成本考核

	常考点
成本核算	①分为<u>财务成本</u>的核算和<u>管理成本</u>的核算。财务成本核算采用历史成本计量，而管理成本核算既可以用历史成本又可以是现在成本或未来成本 ②成本核算的精度与企业发展战略相关，成本领先战略对成本核算精度的要求比差异化战略要高
成本控制	三原则：<u>全面控制原则</u>；<u>经济效益原则</u>；<u>例外管理原则</u>
成本考核	成本考核指标可以是<u>财务指标</u>，也可以是<u>非财务指标</u>，实施成本领先战略的企业应主要选用财务指标，而实施差异化战略的企业则大多选用非财务指标

【注意】成本核算是基础环节，成本控制是核心。

【例1·单选】在企业的日常经营管理工作中，成本管理工作的起点是（　　）。(2014年)

A. 成本规划　　　　　　　　　　B. 成本核算
C. 成本控制　　　　　　　　　　D. 成本分析

【答案】A

【解析】在企业的日常经营管理工作中，成本管理工作的起点是成本规划。

第二节　量本利分析与应用

一、量本利分析概述

★考点1. 量本利分析假设

（1）总成本由**固定成本**和**变动成本**两部分组成
（2）销售收入与业务量呈**完全线性关系**（单价不变）
（3）**产销平衡**
（4）产品产销**结构稳定**

【例1·单选】下列关于量本利分析基本假设的表述中，不正确的是（　　）。(2015年)

A. 产销平衡
B. 产品产销结构稳定
C. 销售收入与业务量呈完全线性关系
D. 总成本由营业成本和期间费用两部组成

【答案】D

【解析】量本利分析主要假设条件包括：（1）总成本由固定成本和变动成本两部分

组成;(2)销售收入与业务量呈完全线性关系;(3)产销平衡;(4)产品产销结构稳定。所以选项D不正确。

★考点2. 量本利分析的基本原理

(1) 量本利分析的基本关系式

利润 = 销售收入 − 总成本

　　 = 销售收入 −(变动成本 + 固定成本)

　　 = 销售量 × 单价 − 销售量 × 单位变动成本 − 固定成本

　　 = 销售量 × (单价 − 单位变动成本) − 固定成本

【注意】这个方程式是明确表达量本利之间数量关系的基本关系式,它含有五个相互联系的变量,给定其中4个变量,便可求出另外一个变量的值。

(2) 边际贡献

单位边际贡献 = 单价 − 单位变动成本

边际贡献总额 = 销售收入 − 变动成本 　关系?

边际贡献率 = $\dfrac{\text{单位边际贡献}}{\text{单价}}$ = $\dfrac{\text{边际贡献总额}}{\text{销售收入}}$

变动成本率 = $\dfrac{\text{单位变动成本}}{\text{单价}}$ = $\dfrac{\text{变动成本总额}}{\text{销售收入}}$

边际贡献率 + 变动成本率 = 1

【例2·单选】某企业生产某一产品,年销售收入为100万元,变动成本总额为60万元,固定成本总额为16万元,则该产品的边际贡献率为(　　)。(2017年)

A.40%　　　　B.76%　　　　C.24%　　　　D.60%

【答案】A

【解析】边际贡献率 = 边际贡献总额/销售收入 = (100 − 60)/100 = 40%。

(3) 利润与边际贡献的关系

利润 = 销售量 × (单价 − 单位变动成本) − 固定成本

　　 = 销售量 × 单位边际贡献 − 固定成本

　　 = 边际贡献总额 − 固定成本

　　 = 销售收入 × 边际贡献率 − 固定成本

【注意】息税前利润 = 边际贡献总额 − 固定成本总额。

【例子】某企业生产甲产品,售价为60元/件,单位变动成本24元,固定成本总额100 000元,当年产销量20 000件。试计算单位边际贡献、边际贡献总额、边际贡献率及利润。

【答案】单位边际贡献 = 60 − 24 = 36(元)

边际贡献总额 = 36 × 20 000 = 720 000(元)

边际贡献率 = 36 ÷ 60 = 60%

息税前利润 = 720 000 − 100 000 = 620 000(元)

二、单一产品量本利分析

★考点1. 保本分析

（1）保本点

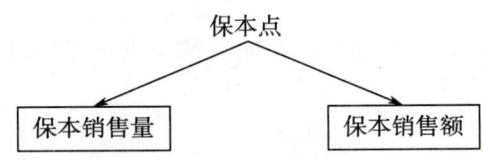

保本点含义	又称<u>盈亏临界点</u>，是指企业达到保本状态的业务量或金额
表现形式	实物量表现：<u>保本销售量</u> 货币单位表示：<u>保本销售额</u>

保本销售量＝固定成本/（单价－单位变动成本）＝固定成本/单位边际贡献

保本销售额＝保本销售量×单价＝固定成本/边际贡献率

【注意】降低保本点的途径：降低固定成本总额（降低幅度相同）；降低单位变动成本（变动幅度不一致）；提高销售单价（变动幅度不一致）。

（2）保本作业率（2018年变动）

保本作业率＝保本点销售量/正常经营销售量（或实际销售量、预计销售量）
　　　　　＝保本点销售额/正常经营销售额（或实际销售额、预计销售额）

【例3·多选】下列各项指标中，与保本点呈同向变化关系的有（　　）。（2013年）

A. 单位售价　　　　　　　　　　　　B. 预计销量

C. 固定成本总额　　　　　　　　　　D. 单位变动成本

【答案】CD

【解析】保本销售量＝固定成本/（单价－单位变动成本），可见，固定成本总额和单位变动成本与保本点呈同向变化关系，单价与保本点呈反向变化关系，预计销量与保本点无关。所以本题答案为选项CD。

★考点2. 量本利分析图

（1）基本的量本利分析图

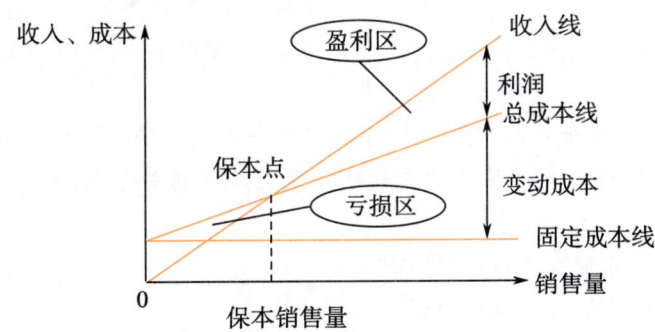

【注意】横坐标代表销售量，可以是正常销售量、实际销售量或预计销售量等。（2018年变动）

【例4·判断】根据基本的量本利分析图，在销售量不变的情况下，保本点越低，盈利区越小、亏损区越大。（　　）（2013年）

【答案】×

【解析】根据基本的量本利分析图，在销售量不变的情况下，保本点越低，盈利区越大，亏损区越小。因此本题的表述错误。

★★★考点3. 安全边际分析

（1）安全边际（2018年变动）

含义：正常销售量（额）[或实际销售量（额）、预计销售量（额）]超过保本点销售量（额）的差额。

安全边际量	正常销售量（实际或预计销售量）－保本点销售量
安全边际额	正常销售额（实际或预计销售额）－保本点销售额＝安全边际量×单价
安全边际率	安全边际量/正常销售量（实际或预计销售量） ＝安全边际额/正常销售额（实际或预计销售额）

【注意】安全边际或安全边际率越大，反映出该企业经营风险越小。

（2）安全边际与利润的关系

利润＝安全边际量×单位边际贡献
　　　＝安全边际额×边际贡献率

销售利润率＝安全边际率×边际贡献率

【注意】提高销售利润率的途径：一是扩大现有销售水平，提高安全边际率；二是降低变动成本水平，提高边际贡献率。

（3）保本作业率与安全边际率的关系

保本销售量＋安全边际量＝销售量

上述公式两端同时除以正常销售量，便得到：

保本作业率＋安全边际率＝1

【例5·单选】下列各项指标中，能直接体现企业经营风险程度的是（　　）（2017年）

A. 安全边际率　　　　　　　　　B. 边际贡献率

C. 净资产收益率　　　　　　　　D. 变动成本率

【答案】A

【解析】通常采用安全边际率这一指标来评价企业是否安全，所以选项A正确。

【例6·多选】根据单一产品的量本利分析模式。下列关于利润的计算公式中，正确的有（　　）。（2017年）

A. 利润＝安全边际量×单位边际贡献

B. 利润＝保本销售量×单位安全边际

C. 利润＝实际销售额×安全边际率

D. 利润＝安全边际额×边际贡献率

【答案】AD

【解析】推导过程如下：息税前利润＝单位边际贡献×销售量－固定成本＝单位边际贡献×（安全边际量＋保本点销售量）－固定成本＝单位边际贡献×安全边际量＋单位边际贡献×保本点销售量－固定成本＝单位边际贡献×安全边际量，所以选项A正确；安全边际量＝实际或预计销售量－保本点销售量，实际或预计销售量＝安全边际量＋保本点销售量，保本点销售量＝固定成本/单位边际贡献，固定成本＝保本点销售量×单位边际贡献，所以选项B不正确；利润＝边际贡献－固定成本＝销售收入×边际贡献率－保本点销售额×边际贡献率，所以：利润＝安全边际量×边际贡献率，选项C不正确，D正确。

【例7·综合】已公司长期以来只生产X产品，有关资料如下：

2016年度X产品实际销售量为600万件，销售单价为30元，单位变动成本为16元，固定成本总额为2 800万元，假设2017年X产品单价和成本性态保持不变。

要求：根据资料，计算2016年度的下列指标：①边际贡献总额；②保本点销售量；③安全边际额；④安全边际率。（2017年节选）

【答案】①边际贡献总额＝600×（30－16）＝8 400（万元）

②保本点销售量＝2 800/（30－16）＝200（万件）

③安全边际额＝（600－200）×30＝12 000（万元）

④安全边际率＝（600－200）/600＝66.67%

三、多种产品量本利分析

考点1. 加权平均法

（1）加权平均边际贡献率

＝∑各产品的边际贡献率×各产品的销售收入比重

＝$\frac{\sum 各产品的边际贡献}{\sum 各产品的销售收入}$

加权平均边际贡献率＝$\frac{S_1 \times CMR_1 + S_2 \times CMR_2}{S_1 + S_2}$＝$\frac{S_1}{S_1 + S_2} \times CMR_1 + \frac{S_2}{S_1 + S_2} \times CMR_2$

（2）综合保本点（盈亏临界点）销售额＝固定成本总额/加权平均边际贡献率

【例子】某公司生产销售A、B、C三种产品，销售单价分别为20元、30元、40元；预计销售量分别为30 000件、20 000件、10 000件；预计各产品的单位变动成本分别为12元、24元、28元；预计固定成本总额为180 000元。

要求：计算综合边际贡献率、综合保本额和每一种产品的保本额。

【答案】A产品边际贡献率＝（20－12）/20＝40%

B产品边际贡献率＝20%；C产品边际贡献率＝30%

A产品销售比重＝（20×3）/（20×3＋30×2＋40×1）＝37.5%

B产品销售比重＝37.5%；C产品销售比重＝25%

综合边际贡献率＝40%×37.5%＋20%×37.5%＋30%×25%＝30%

综合保本销售额 = 180 000/30% = 600 000（元）
A 产品保本销售额 = 600 000 × 37.5% = 22 5000（元）
B 产品保本销售额 = 600 000 × 37.5% = 22 5000（元）
C 产品保本销售额 = 600 000 × 25% = 150 000（元）

考点2. 联合单位法

（1）联合单位
联合单位是指固定实物比例构成的一组产品。

【讲解】例如企业同时生产甲、乙、丙三种产品，且三种产品之间的销量长期保持固定的比例关系，产销量比为 1：2：3。那么，1 件甲产品、2 件乙产品和 3 件丙产品就构成一组产品，简称联合单位。

①联合单价：一个联合单位的全部收入。
②联合单位变动成本：一个联合单位的全部变动成本。

（2）联合保本量 = $\dfrac{\text{固定成本总额}}{\text{联合单价} - \text{联合单位变动成本}}$

（3）某产品保本量 = 联合保本量 × 一个联合单位中包含的该产品数量

★考点3. 分算法

（1）分配固定成本
①专属固定成本：直接计入产品成本。
②公共性固定成本：按分配标准（如销售额、边际贡献、工时、产品重量、长度、体积等）在各产品之间进行分配，最常用的标准为边际贡献。

（2）每一种产品按单一品种的方法计算保本点

【注意】该方法的关键是要合理地进行固定成本的分配。

【例8·单选】对于生产多种产品的企业而言，如果能够将固定成本在各种产品之间进行合理分配，则比较适用的综合保本分析方法是（　　）。（2017年）
A. 联合单位法　　　　　　　　B. 顺序法
C. 分算法　　　　　　　　　　D. 加权平均法

【答案】C

【解析】分算法是在一定的条件下，将全部固定成本按一定标准在各种产品之间进行合理分配，确定每种产品应补偿的固定成本数额，然后再对每一种产品按单一品种条件下的情况分别进行量本利分析的方法，本题选项 C 正确。

四、目标利润分析

★★考点1. 目标利润分析

（1）目标销售水平的计算
目标利润 =（单价 - 单位变动成本）× 销售量 - 固定成本

① 目标利润销售量 = $\dfrac{\text{固定成本} + \text{目标利润}}{\text{单位边际贡献}} = \dfrac{\text{目标边际贡献总额}}{\text{单位边际贡献}}$。

② 目标利润销售额 = $\dfrac{\text{固定成本} + \text{目标利润}}{\text{边际贡献率}} = \dfrac{\text{目标边际贡献总额}}{\text{边际贡献率}}$ = 目标利润销售量 × 单价。

③ 若目标利润为税后利润,则需要调整成为息税前利润,再测算目标销售量。

税后利润 = (息税前利润 – 利息) × (1 – 所得税税率)

实现目标利润的销售量 = $\dfrac{\text{固定成本} + \dfrac{\text{税后目标利润}}{1 - \text{所得税税率}} + \text{利息}}{\text{单位边际贡献}}$

实现目标利润的销售额 = $\dfrac{\text{固定成本} + \dfrac{\text{税后目标利润}}{1 - \text{所得税税率}} + \text{利息}}{\text{边际贡献率}}$

【例9·计算】丙公司是一家汽车生产企业,只生产C型轿车,相关资料如下:

资料一:C型轿车年设计生产能力为60 000辆。2016年C型轿车销售量为50 000辆,销售单价为15万元。公司全年固定成本总额为67 500万元。单位变动成本为11万元,适用的消费税税率为5%,假设不考虑其他税费。2017年该公司将继续维持原有产能规模,且成本性态不变。

资料二:预计2017年C型轿车的销售量为50 000辆,公司目标是息税前利润比2016年增长9%。

要求:根据资料一和资料二,计算下列指标。(1)2017年目标税前利润;(2)2017年C型轿车的目标销售单价;(3)2017年目标销售单价与2016年单价相比的增长率。(2017年节选)

【答案】
(1) 2016年税前利润 = 50 000×15×(1 – 5%) – 50 000×11 – 67 500 = 95 000(万元)
2017年目标税前利润 = 95 000×(1 + 9%) = 103 550(万元)
(2) 设2017年C型轿车的目标销售单价为P,则:
50 000×P×(1 – 5%) – 50 000×11 – 67 500 = 103 550
解得:P = (103 550 + 67 500 + 50 000×11) / [50 000×(1 – 5%)] = 15.18(万元)
(3) 2017年目标销售单价与2016年单价相比的增长率 = (15.18 – 15) ÷ 15 × 100% = 1.2%

(2)实现目标利润的措施

通常情况下企业要实现目标利润,在其他因素不变时,销售数量或销售价格应当提高,而固定成本或单位变动成本则应下降。

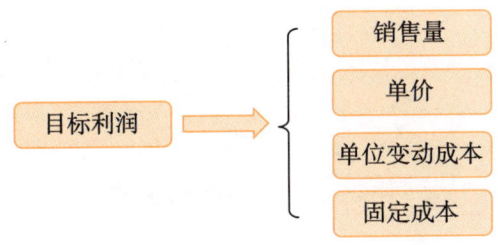

五、利润敏感性分析

★★考点1. 各因素对利润的影响程度

$$敏感系数 = \frac{利润变动百分比}{因素变动百分比}$$

【注意1】某一因素的敏感系数为负号，表明该因素的变动与利润的变动为反向关系；反之亦然。

【注意2】判断敏感性因素的依据是敏感系数的绝对值，绝对值越大，分析指标对该因素越敏感。

【例10·单选】某公司生产和销售单一产品，该产品单位边际贡献为2元，2014年销售量为40万件，利润为50万元。假设成本性态保持不变，则销售量的利润敏感系数是（　　）。（2015年）

A. 0.60　　　　　　　　　　B. 0.80
C. 1.25　　　　　　　　　　D. 1.60

【答案】D

【解析】单位边际贡献为2元，销售量为40万件，利润为50万元，根据Q×（P－V）－F＝利润，有40×2－F＝50（万元），可以得出固定成本F＝30（万元）。假设销售量上升10%，变化后的销售量＝40×（1＋10%）＝44（万件），变化后的利润＝44×2－30＝58（万元），利润的变化率＝（58－50）/50＝16%，所以销售量的敏感系数＝16%/10%＝1.60，选项D是答案。

【例11·计算】接上述【例9·计算】。根据要求（1）的计算结果和资料二，计算C型轿车单价对利润的敏感系数。（2017年节选）

【答案】C型轿车单价对利润的敏感系数＝9%/1.2%＝7.5。

考点2. 目标利润要求变化时允许各因素的升降幅度

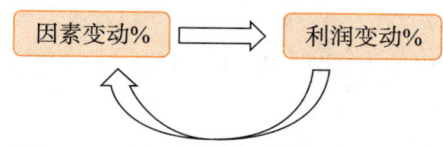

【例子】已知销售量的敏感系数为2，如果企业要求目标利润上升10%，则销售量需要上升5%。

第三节　标准成本控制与分析

一、标准成本及其分类

★考点1. 标准成本及其分类

概念	标准成本是指通过调查分析、运用技术测定等方法制定的，在有效经营条件下所能达到的目标成本	
类型	理想标准成本	在生产过程无浪费、机器无故障、人员无闲置、产品无废品的假设条件下制定的成本标准
	正常标准成本	指在正常情况下，企业经过努力可以达到的成本标准。考虑生产中不可避免的损失、故障和偏差等

【注意】（1）通常来说，理想标准成本<u>小于</u>正常标准成本；（2）正常标准成本具有<u>客观性、现实性和激励性</u>等特点，所以，正常标准成本在实践中得到广泛应用。

【例1·判断】理想标准成本考虑了生产过程中不可避免的损失、故障和偏差，属于企业经过努力可以达到的成本标准。（　　）（2014年）

【答案】×

【解析】理想标准成本是指在生产过程无浪费、机器无故障、人员无闲置、产品无废品的假设条件下制定的成本标准。

二、标准成本的制定

考点1. 单位产品标准成本的制定

单位产品标准成本 = 用量标准 × 价格标准

成本项目	用量标准	价格标准
直接材料	现有生产技术条件下，生产单位产品所需的材料数量，包括： （1）构成产品实体的材料和有助于产品形成的材料 （2）生产过程中必要的损耗和<u>难以避免</u>的损失所耗用的材料	计划价格
直接人工	现有生产技术条件下，生产单位产品耗用的必要工作时间（工时用量标准），包括： （1）对产品直接加工工时 （2）必要的间歇或停工工时 （3）<u>不可避免</u>的废次品所耗用的工时	标准工资率 = $\dfrac{\text{标准工资总额}}{\text{预算产量下标准总工时}}$
制造费用	与直接人工用量标准相同	标准分配率 = $\dfrac{\text{标准制造费用总额}}{\text{预算产量下标准总工时}}$

【注意】标准总工时通常根据企业的预算产量确定，代表企业一定时期的最大生产能力；制造费用的标准成本应按照变动制造费用和固定制造费用分别制定；标准制造费用总额，通常是指预算产量下标准制造费用总额，即制造费用预算总额。

【例2·单选】下列各项中，属于"直接人工标准工时"组成内容的是（　　）。

A. 由于设备意外故障产生的停工工时
B. 由于更换产品产生的设备调整工时
C. 由于生产作业计划安排不当产生的停工工时
D. 由于外部供电系统故障产生的停工工时

【答案】B

【解析】直接人工标准工时是指在现有生产技术条件下，生产单位产品所需要的时间，包括直接加工操作必不可少的时间，以及必要的间歇和停工。"由于更换产品产生的设备调整工时"属于必要的停工，其他选项都不属于必要的停工。故选项B正确。

【总结】单位产品标准成本：

成本项目	用量	价格
直接材料	单位产品材料用量	原材料单价
直接人工	单位产品工时用量	小时工资率
制造费用	单位产品工时用量	小时制造费用分配率

三、成本差异的计算及分析

★考点1. 成本差异含义

成本差异	成本差异＝实际产量下实际成本－实际产量下标准成本	
类型	超支差异	实际成本＞标准成本
	节约差异	实际成本＜标准成本

【例3·单选】在标准成本管理中，成本总差异是成本控制的重要内容。其计算公式是（　　）。（2013年）

A. 实际产量下实际成本－实际产量下标准成本
B. 实际产量下标准成本－预算产量下实际成本
C. 实际产量下实际成本－预算产量下标准成本
D. 实际产量下实际成本－标准产量下标准成本

【答案】A

【解析】成本差异的计算对象是实际产量，或者说是针对实际产量而言的，因此，只有A的表达式正确。

★考点2. 直接材料成本差异

（1）直接材料用量差异＝（实际用量－实际产量下标准用量）×标准价格
（2）直接材料价格差异＝实际用量×（实际价格－标准价格）

【例子】A产品甲材料的标准价格为45元/千克，用量标准为3千克/件。假定企业本月投产A产品8 000件，领用甲材料32 000千克，其实际价格为40元/千克。其直接材料成本差异计算如下：

直接材料成本差异＝32 000×40－8 000×3×45＝200 000（元）（超支）

其中：材料用量差异 =（32 000 - 8 000×3）×45 = 360 000（元）（超支）
材料价格差异 = 32 000×（40 - 45）= -160 000（元）（节约）

★ 考点3. 直接人工成本差异

（1）直接人工效率差异（用量差异）=（实际工时 - 实际产量下标准工时）×标准工资率

（2）直接人工工资率差异（价格差异）= 实际工时×（实际工资率 - 标准工资率）

【例子】A 产品标准工资率为 10.8 元/小时，工时标准为 1.5 小时/件，工资标准为 16.2 元/件。假定企业本月实际生产 A 产品 8 000 件，用工 10 000 小时，实际应付直接人工工资 110 000 元。其直接人工差异计算如下：

直接人工成本差异 = 110 000 - 8 000×16.2 = -19 600（元）（节约）

其中：直接人工效率差异 =（10 000 - 8 000×1.5）×10.8 = -21 600（元）（节约）

直接人工工资率差异 =（110 000÷10 000 - 10.8）×10 000 = 2 000（元）（超支）

【例4·单选】下列因素中，一般不会导致直接人工工资率差异的是（　　）。(2016年)

A. 工资制度的变动　　　　　　B. 工作环境的好坏
C. 工资级别的升降　　　　　　D. 加班或临时工的增减

【答案】B

【解析】工资率差异是价格差异，其形成原因比较复杂，工资制度的变动，工人的升降级、加班或临时工的增减等都将导致工资率差异。故选项 B 正确。

★★★ 考点4. 变动制造费用成本差异

（1）变动制造费用效率差异（数量差异）
 =（实际工时 - 实际产量下标准工时）×变动制造费用标准分配率

（2）变动制造费用耗费差异（价格差异）
 = 实际工时×（变动制造费用实际分配率 - 变动制造费用标准分配率）

【例子】A 产品标准变动制造费用分配率为 3.6 元/小时，工时标准为 1.5 小时/件。假定企业本月实际生产 A 产品 8 000 件，用工 10 000 小时，实际发生变动制造费用 40 000 元。其变动制造费用成本差异计算如下：

变动制造费用成本差异 = 40 000 - 8 000×1.5×3.6 = -3 200（元）（节约）

其中：变动制造费用效率差异
 =（10 000 - 8 000×1.5）×3.6 = -7 200（元）（节约）

变动制造费用耗费差异
 =（40 000÷10 000 - 3.6）×10 000 = 4 000（元）（超支）

【例5·单选】企业生产 X 产品，工时标准为 2 小时/件，变动制造费用标准分配率为 24 元/小时，当期实际产量为 600 件，实际变动制造费用为 32 400 元，实际工作为 1 296 小时，则在标准成本法下，当期变动制造费用效率差异为（　　）元。(2017年)

A. 1 200　　　　B. 2 304　　　　C. 2 400　　　　D. 1 296

【答案】B

【解析】变动制造费用效率差异 =（实际工时 - 实际产量下标准工时）×变动制造

费用标准分配率=（1 296 - 600×2）×24 = 2 304（元），本题选项 B 正确。

【例6·计算】 乙公司生产 M 产品，采用标准成本法进行成本管理。月标准总工时为 23 400 小时，月标准变动制造费用总额为 84 240 元。工时标准为 2.2 小时/件。假定乙公司本月实际生产 M 产品 7 500 件，实际耗用总工时 15 000 小时，实际发生变动制造费用 57 000 元。(2014 年)

要求：(1) 计算 M 产品的变动制造费用标准分配率；
(2) 计算 M 产品的变动制造费用实际分配率；
(3) 计算 M 产品的变动制造费用成本差异；
(4) 计算 M 产品的变动制造费用效率差异；
(5) 计算 M 产品的变动制造费用耗费差异。

【答案】 (1) M 产品的变动制造费用标准分配率 = 84 240/23 400 = 3.6（元/小时）
(2) M 产品的变动制造费用实际分配率 = 57 000/15 000 = 3.8（元/小时）
(3) M 产品的变动制造费用成本差异 = 57 000 - 7 500×2.2×3.6 = -2 400（元）
(4) M 产品的变动制造费用效率差异 =（15 000 - 7 500×2.2）×3.6 = -5 400（元）
(5) M 产品的变动制造费用耗费差异 =（3.8 - 3.6）×15 000 = 3 000（元）

【总结】

变动成本	价格差异	数量差异
直接材料	价格差异=（实际价格-标准价格）×实际用量	数量差异=（实际用量-实际产量下标准用量）×标准价格
直接人工	工资率差异=（实际工资率-标准工资率）×实际工时	效率差异=（实际工时-实际产量下标准工时）×标准工资率
变动制造费用	耗费差异=（实际分配率-标准分配率）×实际工时	效率差异=（实际工时-实际产量下标准工时）×标准分配率

★考点5. 变动成本项目差异的责任归属

	用量差异			价格差异		
	材料用量差异	人工效率差异	变动制造费用效率差异	材料价格差异	人工工资率差异	变动制造费用耗费差异
责任部门	主要是生产部门的责任			采购部门	人事劳动部门	生产部门
注意	以上的责任归属仅指一般情况，实际中会存在例外情况。如采购材料质量差导致材料数量差异是采购部门责任					

【例7·单选】 某公司月成本考核例会上，各部门经理正在讨论、认定直接人工效率差异的责任部门。根据你的判断，该责任部门应是（　　）。(2011 年)

A. 生产部门　　　　　　　　　　B. 销售部门
C. 供应部门　　　　　　　　　　D. 管理部门

【答案】 A

【解析】人工效率差异主要是生产部门的责任。

★考点6. 固定制造费用的差异分析

首先要明确两个指标：

$$实际分配率 = \frac{固定制造费用实际数}{实际工时}$$

$$标准分配率 = \frac{固定制造费用预算数}{预算产量的标准工时}$$

其中：

固定制造费用预算数 = 预算产量 × 工时标准 × 标准分配率

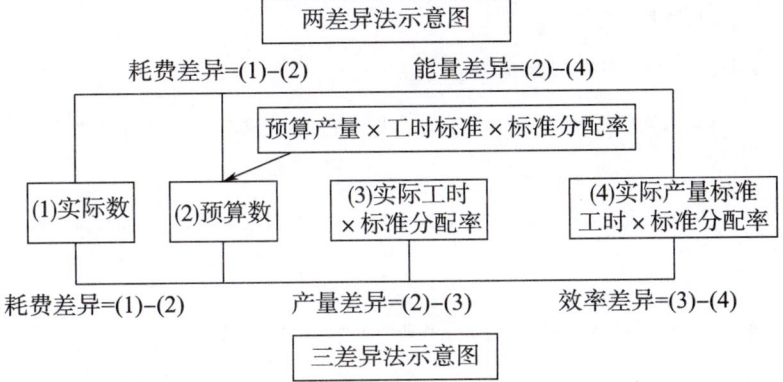

【例8·判断】在标准成本法下，固定制造费用成本差异是指固定制造费用实际金额与固定制造费用预算金额之间的差异。（　　）（2017年）

【答案】×

【解析】在标准成本法下，固定制造费用耗费差异是指固定制造费用实际金额与其预算金额之间的差异。

【例子】A产品固定制造费用标准分配率为12元/小时，工时标准为1.5小时/件。假定A产品的预算产量为10 400件，实际生产A产品8 000件，用工10 000小时，实际固定制造费用为190 000元。要求计算固定制造费用成本差异，并分别采用两差异和三差异分析法计算相关各项成本差异。

【答案】固定制造费用成本差异 = 190 000 − 8 000 × 1.5 × 12 = 46 000（元）

实际固定制造费用 = 190 000（元）

预算固定制造费用 = 10 400 × 1.5 × 12 = 187 200（元）

实际工时 × 标准分配率 = 10 000 × 12 = 120 000（元）

实际产量标准工时 × 标准分配率 = 8 000 × 1.5 × 12 = 144 000（元）

两差异分析：

耗费差异 = 19 000 − 10 400 × 1.5 × 12 = 2 800（元）（超支）

能量差异 = 10 400 × 1.5 × 12 − 8 000 × 1.5 × 12 = 43 200（元）（超支）

三差异分析：

耗费差异 = 19 000 − 10 400 × 1.5 × 12 = 2 800（元）（超支）

产量差异 = 10 400 × 1.5 × 12 − 10 000 × 12 = 67 200（元）（超支）

效率差异 = 10 000 ×（−8 000）× 1.5 × 12 = −24 000（元）（节约）

第四节 作业成本与责任成本

一、作业成本计算法的相关概念

考点 1. 资源与作业

资源	企业作业活动系统所涉及的<u>人力</u>、<u>物力</u>、<u>财力</u>
作业	在一个组织内为了某一目的而进行的<u>耗费资源动作</u>
作业类型	单位作业	使单位产品受益的作业，作业的成本与产品的数量成正比，如加工零件、对每件产品进行的检验等
	批次作业	使一批产品受益的作业，作业的成本与产品的批次数量成正比，如设备调试、生产准备等作业活动
	产品作业	使某种产品的每个单位都受益的作业，如产品工艺设计作业等
	支持作业	为维持企业正常生产，而使所有产品都受益的作业，作业的成本与产品数量无相关关系，如厂房维修、管理作业等

★ **考点 2. 成本动因及其分类**

成本动因	（1）又称<u>成本驱动因素</u>，是指导致成本发生的因素 （2）在作业成本法下，成本动因是成本分配的依据
成本动因类型	资源动因	引起作业成本变动的驱动因素，反映作业量与耗费之间的因果关系。比如厂房折旧与作业面积
	作业动因	引起产品成本变动的驱动因素，反映产品产量与作业成本之间的因果关系。比如检验成本的分配
作业中心	又称成本库，是指构成一个业务过程的相互联系的作业集合，用来汇集业务过程及其产出的成本

【例 1 · 判断】在作业成本法下，成本动因是导致成本发生的诱因，是成本分配的依据。（　）（2012 年）

【答案】√

【解析】作业成本法下，成本动因是导致成本发生的诱因，是成本分配的依据。

二、作业成本法与传统成本计算法的比较

★★ 考点1. 作业成本法与传统成本计算法的比较

	间接费用分配方法	间接成本分配路径	特点
传统成本法	以直接人工工时或机器工时为分配依据	资源→部门→产品	当企业生产多样性明显时，生产量小、技术要求高的产品成本分配偏低，而生产量大、技术要求低的产品成本分配偏高
作业成本法	(1) 确认发生制造费用的一个或多个作业环节 (2) 根据作业量的大小，将制造费用成本分配到各作业中 (3) 依据相应的成本动因，将各作业中心的成本分配到成本对象	资源→作业→产品	制造费用按照成本动因直接分配，避免了传统成本计算法下的成本扭曲

【注意】作业成本法与传统成本计算法的区别集中在对<u>间接费用</u>的分配上，主要是<u>制造费用</u>的分配。

【例2·单选】下列成本项目中，与传统成本法相比，运用作业成本法核算更具优势的是（   ）。（2015年）

A. 直接材料成本　　　　　　　　　　B. 直接人工成本
C. 间接制造费用　　　　　　　　　　D. 特定产品专用生产线折旧费

【答案】C

【解析】在作业成本法下，对于直接费用的确认和分配与传统的成本计算方法一样，而间接费用的分配对象不再是产品，而是作业活动。采用作业成本法，制造费用按照成本动因直接分配，避免了传统成本计算法下的成本扭曲。所以选项C是答案。

三、作业成本计算法的成本计算

★ 考点1. 计算作业成本分配率

（1）实际作业成本分配率

计算	当期实际发生的作业成本/当期实际作业产出
优点	计算的成本是实际成本，无需分配实际成本与预算成本的差异
缺点	①作业成本资料<u>只能在会计期末才能取得</u>，不能随时提供进行决策的有关成本信息 ②不同会计期间作业成本不同，作业需求量也不同，因此计算出的<u>成本分配率时高时低</u> ③<u>容易忽视</u>作业需求变动对成本的影响，不利于划清造成成本高低的责任归属

（2）预算作业成本分配率

计算	预计作业成本/预计作业产出
特点	①能够<u>随时提供</u>决策所需的<u>成本信息</u> ②可以避免因作业成本变动和作业需求不足引起的产品成本波动 ③<u>有利于</u>及时查清成本升高的原因

★考点 2. 计算作业成本和产品成本
（1）某产品耗用的作业成本 = Σ（该产品耗用的作业量 × 实际作业成本分配率）
（2）某产品当期发生成本 = 当期投入该产品的直接成本 + 当期耗用的各项作业成本
其中：直接成本 = 直接材料成本 + 直接人工成本

四、作业成本管理

考点 1. 作业成本管理的含义
<u>作业成本管理</u>是以**提高客户价值**、**增加企业利润**为目的，基于作业成本法的新型集中化管理方法。包括<u>成本分配观</u>和<u>流程观</u>两个维度。

成本分配观	（1）说明成本对象引起作业需求，而作业需求又引起资源的需求 （2）成本分配是<u>从资源到作业</u>，再<u>从作业到成本对象</u>——作业成本计算的核心
流程观	（1）提供引起作业的原因（成本动因）以及作业完成情况（业绩计量）的信息 （2）关注的是确认作业成本的根源、评价已经完成的工作和已实现的结果，企业利用这些信息，可以改进作业链，提高从外部顾客获得的价值

考点 2. 流程价值分析
关心作业的责任，以作业来识别资源，将作业分为**增值作业**和**非增值作业**，并把作业和流程联系起来，确认流程的成本动因，计量流程的<u>业绩</u>，从而促进流程的持续改进，具体包括：<u>成本动因分析</u>、<u>作业分析</u>、<u>作业业绩考核</u>。

考点 3. 成本动因分析
目的：找出导致作业成本产生的根本原因，采取相应的措施改善作业。

★★考点 4. 作业分析

增值作业	是指顾客认为可以<u>增加其购买的产品或服务的有用性</u>，有必要保留在企业中的作业。一项作业必须同时满足下列三个条件才可断定为增值作业： （1）该作业导致了状态的改变 （2）该状态的变化不能由其他作业来完成 （3）该作业使其他作业得以进行
非增值作业	（1）<u>即便消除也不会影响产品对顾客服务的潜能</u>，不必要的或可消除的作业 （2）若一项作业不能同时满足增值作业的三个条件，就可断定其为非增值作业

【注意】**增值作业**发生的成本<u>也有可能是非增值成本</u>，**非增值作业**产生的成本<u>都是</u>

非增值成本。

【例3·单选】根据作业成本管理原理，某制造企业的下列作业中，属于增值作业的是（　　）。(2017年)

A. 产品检验作业　　　　　　　　B. 产品运输作业
C. 零件组装作业　　　　　　　　D. 次品返工作业

【答案】C

【解析】非增值作业，是指即便消除也不会影响产品对顾客服务的潜能，不必要的或可消除的作业。如果一项作业不能同时满足增值作业的三个条件，就可断定其为非增值作业。例如检验作业，只能说明产品是否符合标准，而不能改变其形态，不符合第一个条件；次品返工作业是重复作业，是在其之前的加工作业本就应提供符合标准的产品，因此也属于非增值作业；将原材料从集中保管的仓库搬运到生产部门，将某部门生产的零件搬运到下一个生产部门都是非增值作业。因此，只有选项C属于增值作业。

【例4·多选】关于增值成本和非增值成本，下列表述正确的是（　　）。

A. 对一项增值作业来讲，它所发生的成本都是增值成本
B. 对一项非增值作业来讲，它所发生的成本都是非增值成本
C. 增值成本是高效增值作业产生的成本
D. 非增值作业也可能产生增值成本

【答案】BC

【解析】增值作业发生的成本也有可能是非增值成本，所以A不正确；非增值作业产生的成本都是非增值成本，所以D不正确。

考点5. 成本节约的途径

作业消除	消除非增值作业或不必要的作业，降低非增值成本
作业选择	对所有能够达到同样目的的不同作业，选择其中最佳的方案
作业减少	以不断改进的方式降低作业消耗的资源或时间
作业共享	利用规模经济来提高增值作业的效率

★考点6. 作业业绩考核

财务指标	主要集中在增值成本和非增值成本上，可以提供增值与非增值报告，以及作业成本趋势报告
非财务指标	主要体现在效率、质量和时间三个方面，比如投入产出比、次品率和生产周期等

【例5·判断】对作业和流程的执行情况进行评价时，使用的考核指标可以是财务指标也可以是非财务指标，其中非财务指标主要用于时间、质量、效率三个方面的考核。（　　）(2015年)

【答案】√

【解析】若要评价作业和流程的执行情况，必须建立业绩指标，可以是财务指标，也可以是非财务指标，非财务指标主要体现在效率、质量和时间三个方面，如投入产出比、次品率、生产周期等。

五、责任中心及其考核

★★★ 考点1. 成本中心含义和特点

含义	指有权发生并控制成本的单位。成本中心一般不会产生收入，通常只计量考核发生的成本
特点	(1) 不考核收益，只考核成本 (2) 只对可控成本负责，不负责不可控成本 (3) 责任成本是成本中心考核和控制的主要内容，成本中心当期发生的所有可控成本之和就是其责任成本

【注意】可控成本应具备的条件有：是成本中心可计量的；其发生是成本中心可预见的；是成本中心可调节和控制的。

【例6·单选】在企业责任成本管理中，责任成本是成本中心考核和控制的主要指标，其构成内容是（　　）。(2013 年)

A. 产品成本之和　　　　　　　　B. 固定成本之和
C. 可控成本之和　　　　　　　　D. 不可控成本之和

【答案】C

【解析】责任成本是成本中心考核和控制的主要内容。成本中心当期发生的所有可控成本之和就是其责任成本。

【例7·多选】根据责任成本管理基本原则，成本中心只对可控成本负责。可控成本应具备的条件有（　　）。(2015 年)

A. 该成本是成本中心可计量的
B. 该成本的发生是成本中心可预见的
C. 该成本是成本中心可调节和控制的
D. 该成本是为成本中心取得收入而发生的

【答案】ABC

【解析】可控成本是指成本中心可以控制的各项耗费，它应具备三个条件：第一，该成本的发生是成本中心可以预见的；第二，该成本是成本中心可以计量的；第三，该成本是成本中心可以调节和控制的，所以选项ABC正确。

考点2. 成本中心考核指标

预算成本节约额 = 实际产量预算责任成本 − 实际责任成本

预算成本节约率 = 预算成本节约额/实际产量预算责任成本

【例子】某企业内部某车间为成本中心，生产甲产品，预算产量 3 500 件，预算单位成本 150 元，实际产量 4 000 件，实际单位成本 145.5 元，那么，该成本中心的考核指标为：

预算成本节约额 = 150 × 4 000 − 145.5 × 4 000 = 18 000（元）
预算成本节约率 = 18 000/（150 × 4 000）× 100% = 3%

结果表明，该成本中心的成本节约额为 18 000 元，节约率为 3%。

考点3. 利润中心含义及分类

含义	既能控制**成本**，又能控制**收入和利润**的责任单位
分类	自然利润中心	自然形成的，直接对外提供劳务或销售产品以取得收入的责任中心
	人为利润中心	人为设定的，通过企业内部各责任中心之间使用内部结算价格结算半成品内部销售收入的责任中心

★★★考点4. 利润中心考核指标

考核指标	边际贡献	销售收入总额 – 变动成本总额 【注意】该指标反映了利润中心的盈利能力，但对业绩评价没有太大的作用。
	可控边际贡献	边际贡献 – 该中心负责人可控固定成本 【注意】也称部门经理边际贡献，是评价利润中心管理者的理想指标。
	部门边际贡献	可控边际贡献 – 该中心负责人不可控固定成本 【注意】又称部门毛利。反映了部门为企业利润和弥补与生产能力有关的成本所作的贡献，它更多的用于评价部门业绩而不是利润中心管理者的业绩。

【总结】

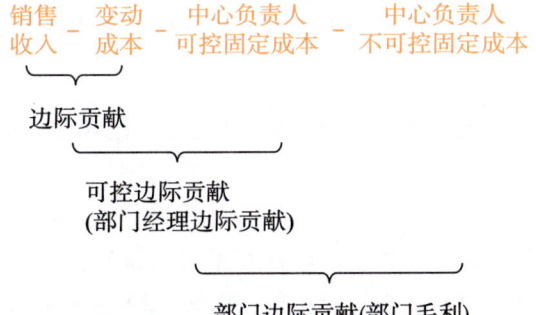

【例8·单选】某利润中心本期销售收入为7 000万元，变动成本总额为3 800万元，中心负责人可控的固定成本为1 300万元，其不可控但由该中心负担的固定成本为600万元，则该中心的可控边际贡献为（　　）万元。（2017年）

A. 1 900　　　B. 3 200　　　C. 5 100　　　D. 1 300

【答案】A

【解析】该中心的可控边际贡献＝销售收入－变动成本－该中心负责人可控的固定成本＝7 000－3 800－1 300＝1 900（万元）。

【例9·计算】甲公司为某企业集团的一个投资中心，X是甲公司下设的一个利润中心，相关资料如下：

2012年X利润中心的营业收入为120万元，变动成本为72万元，该利润中心副主任可控固定成本为10万元，不可控但应由该利润中心负担的固定成本为8万元。

要求：根据资料，计算X利润中心2012年度的部门边际贡献。（2013年节选）

【答案】部门边际贡献＝120－72－10－8＝30（万元）。

★★★ 考点 5. 投资中心含义及考核指标

<u>投资中心</u>，是指既能控制成本、收入和利润，又能对**投入的资金进行控制**的责任中心。

（1）投资报酬率

计算公式	投资报酬率 = 营业利润/平均营业资产
优点	①根据现有会计资料计算，比较客观，可用于部门之间，以及不同行业之间的比较 ②有利于资产存量的调整，优化资源配置
缺点	会引起短期行为的产生，追求局部利润最大化而损害整体利益最大化目标，导致经理人为眼前利益而牺牲长远利益

【注意】营业利润指息税前利润；平均营业资产 =（期初营业资产 + 期末营业资产）/2。

（2）剩余收益

计算公式	剩余收益 = 营业利润 −（平均营业资产 × 最低投资报酬率） 剩余收益 = 平均营业资产 ×（投资报酬率 − 最低投资报酬率）
优点	弥补了投资报酬率指标会使局部利益与整体利益冲突的不足
缺点	①是一个绝对指标，难以在不同规模的投资中心之间进行业绩比较 ②仅仅反映当期业绩，单纯使用这一指标也会导致投资中心管理者的短期行为

【注意】投资报酬率 = 营业利润/平均营业资产。

【例10·判断】在不同规模的投资中心之间进行业绩比较时，使用剩余收益指标优于投资报酬率指标。（　　）

【答案】×

【解析】剩余收益是一个绝对指标，难以在不同规模的投资中心之间进行业绩比较。

【例11·计算】续【例9·计算】。资料：甲公司2013年初已投资700万元，预计可实现利润98万元，现有一个投资额为300万元的投资机会，预计可获利润36万元，该企业集团要求的最低投资报酬率为10%。

要求：

（1）根据资料，计算甲公司接受新投资机会前的投资报酬率和剩余收益。

（2）根据资料，计算甲公司接受新投资机会后的投资报酬率和剩余收益。

（3）根据（1）、（2）的计算结果从企业集团整体利润的角度，分析甲公司是否应接受新投资机会，并说明理由。（2013年节选）

【答案】

（1）接受新投资机会前：

投资报酬率 = 98/700 × 100% = 14%，剩余收益 = 98 − 700 × 10% = 28（万元）

（2）接受新投资机会后：

投资报酬率 =（98 + 36）/（700 + 300）× 100% = 13.4%

剩余收益 =（98 + 36）−（700 + 300）× 10% = 34（万元）

（3）从企业集团整体利益角度，甲公司应该接受新投资机会。因为从企业集团整体利益角度考虑，是否接受一个投资机会应该以剩余收益高低作为决策的依据，甲公司接受新投资机会后导致剩余收益增加，所以甲公司应接受新投资机会。

六、内部转移价格的制定

★★★考点1. 内部转移价格种类及特点

类型	含义	说明
市场价格	根据<u>产品或劳务的市场现行价格</u>作为计价基础	市场价格具有客观真实的特点，能够同时满足分部和公司的整体利益，但是它<u>要求产品或劳务有完全竞争的外部市场</u>
协商价格	以<u>正常的市场价格</u>为基础，并建立定期协商机制，共同确定双方都能接受的价格作为计价标准	前提：中间产品有<u>非完全竞争的外部市场可以交易</u> 上下限：<u>上限是市场价格</u>，<u>下限则是单位变动成本</u> 当双方协商僵持时，会导致高层的行政干预
双重价格	由内部责任中心的<u>交易双方采用不同的内部转移价格</u>作为计价基础	能够较好地满足<u>企业内部交易双方在不同方面</u>的管理需要
以成本为基础的转移价格	是指所有的内部交易均<u>以某种形式的成本价格</u>进行结算。包括完全成本、完全成本加成、变动成本、变动成本加固定制造费用四种形式	具有简便、客观的特点，但<u>存在信息和激励方面的问题</u>

【例12·单选】企业以协商价格作为内部转移价格时，该协商价格的下限一般是（　　）。（2017年）

A. 单位完全成本加上单位毛利　　B. 单位变动成本加上单位边际贡献
C. 单位完全成本　　　　　　　　D. 单位变动成本

【答案】D

【解析】企业以协商价格作为内部转移价格时，协商价格的上限是市场价格，协商价格的下限则是单位变动成本，所以选项D正确。

【例13·单选】作为内部转移价格的制定依据，下列各项中，能够较好地满足企业内部交易双方各自管理需要的是（　　）。（2014年）

A. 市场价格　　　　　　　　　　B. 双重价格
C. 协商价格　　　　　　　　　　D. 成本加成价格

【答案】B

【解析】采用双重价格，买卖双方可以选择不同的市场价格或协商价格，能够较好地满足企业内部交易双方在不同方面的管理需要。故本题答案为B。

阶段3测评

第四阶段学习方案

学习方案一（90 模块过单科）

阶段—模块	学习、复习内容	检测	完成日期	定制调整内容
承第三阶段学习方案一
4－72	学习第九章第一节	－		
4－73	学习第九章第二节	－		
4－28	学习第九章第二节	－		
4－75	学习第九章第三节	－		
4－76	学习第九章第四节	－		
4－77	学习第九章第四节	－		
4－71	学习第九章第四节 复习第九章	检测 4－1		
4－79	学习第十章第一节	－		
4－71	学习第十章第一节	－		
4－81	学习第十章第二节	－		
4－82	学习第十章第二节	－		
4－83	学习第十章第二节	－		
4－84	学习第十章第二节	－		
4－85	学习第十章第三节	－		
4－86	学习第十章第三节	－		
4－87	学习第十章第三、第四节	－		
4－58	学习第十章第四节 复习第九、第十章	检测 4－2		
4－59	学习考霸手稿			
4－90	完成模拟试卷，复习全书内容	线上诊断		

学习方案二（60模块过单科）

承第三阶段学习方案二				
阶段—模块	学习、复习内容	检测	完成日期	定制调整内容
4－47	学习第九章第一节	－		
4－48	学习第九章第二节	－		
4－49	学习第九章第二、第三节	－		
4－50	学习第九章第四节	－		
4－51	学习第九章第四节 复习第九章	检测4－1		
4－52	学习第十章第一节	－		
4－53	学习第十章第一节	－		
4－54	学习第十章第二节	－		
4－55	学习第十章第二节	－		
4－56	学习第十章第三节	－		
4－57	学习第十章第三、第四节	－		
4－58	学习第十章第四节 复习第九、第十章	检测4－2		
4－59	学习考霸手稿	－		
4－60	完成模拟试卷，复习全书内容	线上诊断		

学习方案三（30模块过单科）

承第三阶段学习方案三				
阶段—模块	学习、复习内容	检测	完成日期	定制调整内容
4－23	学习第九章第一、第二节	－		
4－24	学习第九章第三节	－		
4－25	学习第九章第四节 复习第九章	检测4－1		
4－26	学习第十章第一、第二节	－		
4－27	学习第十章第三节	－		
4－28	学习第十章第四节 复习第九、第十章	检测4－2		
4－29	学习考霸手稿	－		
4－30	完成模拟试卷，复习全书内容	线上诊断		

第四阶段通关宝典

第九章 收入与分配管理

本章考情分析
思维导图

从历年考试情况来看,主要考点包括收入与分配管理的主要内容、分配管理、纳税管理、产品定价方法、销售定价管理、销售预测分析和股利政策的相关内容。本章各种题型都可能涉及。

年份 题型	2014 年		2015 年		2016 年		2017 年卷一		2017 年卷二	
	题量	分值	题量	分值	题量	分值	题量	分值	题量	分值
单选题	4	4	4	4	4	4	4	4	3	3
多选题	1	2	1	2	1	2	2	4	—	—
判断题	1	1	2	2	—	—	1	1	1	1
计算题	1	5	—	—	—	—	—	—	1	3
综合题	—	—	1	6	1	4	—	—	—	—
合计	—	12	—	14	—	10	—	9	—	7

第一节 收入与分配管理的主要内容

一、收入与分配管理的原则

考点1. 收入与分配管理的原则
(1) 依法分配原则
(2) 分配与积累并重原则
(3) 兼顾各方利益原则
(4) 投资与收入对等原则

【例1·多选】在下列各项中,属于企业进行收益分配应遵循的原则有(   )。(2007 年)
A. 依法分配原则 B. 兼顾各方利益原则
C. 分配与积累并重原则 D. 投资与收入对等原则
【答案】ABCD

【解析】收益分配应遵循的原则有：依法分配原则；分配与积累并重原则；兼顾各方利益原则；投资与收入对等原则。所以选项 ABCD 都是正确的。

二、收入与分配管理的主要内容

考点 1. 收入管理

销售预测分析	定性	营销员判断法、专家判断法和产品寿命周期分析法
	定量	趋势预测分析法，因果预测分析法
销售定价管理	基于成本	全部成本费用加成定价法、目标利润法等
	基于市场需求	需求价格弹性系数定价法、边际分析定价法

考点 2. 纳税管理

筹资纳税管理	确定相对安全的资本结构，保证总资产报酬率（息税前）大于债务利息率
投资纳税管理	直接对外投资纳税管理主要是对投资地区、行业、组织形式和收益回收方式的筹划；直接对内投资和间接投资主要通过利用企业所享有的税收优惠政策来筹划
营运纳税管理	对企业日常活动中的采购、生产和销售环节进行管理
利润分配纳税管理	分为所得税纳税管理和股利分配纳税管理两部分
重组纳税管理	通过重组，降低长期纳税水平；在支付方面进行筹划以达到企业重组的特殊性税务处理条件

★★考点 3. 分配管理

顺序：弥补以前年度亏损──→提取法定公积金──→提取任意公积金──→向股东（投资者）分配股利（利润）。

【注意1】法定公积金的提取比例为当年税后利润（弥补亏损后）的 10%。当年法定公积金的累积额已达注册资本的 50% 时，可以不再提取；企业用法定公积金转增资本后，法定公积金的余额不得低于转增前公司注册资本的 25%。

【注意2】提取任意盈余公积金：应从税后利润中提取；应经股东大会决议；应满足公司经营管理的需要。

【例2·单选】下列净利润分配事项中，根据相关法律法规和制度，应当最后进行的是（　　）。(2014年)

A. 向股东分配股利 B. 提取任意公积金
C. 提取法定公积金 D. 弥补以前年度亏损

【答案】A

【解析】公司净利润分配顺序：（1）弥补以前年度亏损；（2）提取法定公积金；（3）提取任意公积金；（4）向股东（投资者）分配股利（利润）。所以选项 A 是正确的。

【例3·单选】下列关于提取任意盈余公积金的表述中，不正确的是（　　）。(2012年)

A. 应从税后利润中提取　　　　　　B. 应经股东大会决议
C. 满足公司经营管理的需要　　　　D. 达到注册资本的50%时不再计提

【答案】D

【解析】当年法定公积金的累积额已达注册资本的50%时，可以不再提取，所以选项D是错误的。

第二节　收入管理

一、销售预测分析——定性分析

★ **考点1. 定性分析**

定性分析法
- 营销员判断法
- 专家判断法
  - 个别专家意见汇集法
  - 专家小组法
  - 德尔菲法（函询调查法）
- 产品寿命周期分析法——对其他预测分析方法的补充

【例1·单选】下列销售预测方法中，属于定性分析法的有（　　）。（2017年）
A. 加权平均法　　　　　　　　　B. 指数平滑法
C. 因果预测分析法　　　　　　　D. 营销员判断法

【答案】D

【解析】定性分析法，即非数量分析法，是指由专业人员根据实际经验，对预测对象的未来情况及发展趋势做出预测的一种分析方法。它一般适用于预测对象的历史资料不完备或无法进行定量分析时的情况，主要包括营销员判断法、专家判断法和产品寿命周期分析法，故选项D正确。

二、销售预测分析——定量分析

★★ **考点1. 销售预测分析——定量分析**

算术平均法	$Y = \dfrac{\sum X_i}{n}$ 式中：Y——预测值；X_i——第i期的实际销售量；n——期数
加权平均法	$Y = \sum\limits_{i=1}^{n} W_i X_i$ 式中：Y——预测值，W_i——第i期的权数，X_i——第i期的实际销售量；n——期数 【注意】权数的确定按照"近大远小"原则确定。

续表

移动平均法	$Y_{n+1} = \dfrac{X_{n-(m-1)} + X_{n-(m-2)} + \cdots\cdots + X_{n-1} + X_n}{m}$ 修正移动平均法的计算公式为： $\overline{Y}_{n+1} = Y_{n+1} + (Y_{n+1} - Y_n)$
指数平滑法	$Y_{n+1} = \alpha X_n + (1-\alpha) Y_n$ 式中：Y_{n+1}——未来第 n+1 期的预测值 Y_n——第 n 期预测值，即预测前期的预测值 X_n——第 n 期的实际销售量，即预测前期的实际销售量 α——平滑指数 n——期数
因果预测分析法	回归直线法——假设产品销售量（Y）与其影响因素（X）之间存在线性变动关系（Y = a + bX），则： $b = \dfrac{n\sum XY - \sum X \sum Y}{n\sum X^2 - (\sum X)^2}$ $a = \dfrac{\sum Y - b\sum X}{n} = \overline{Y} - b\overline{X}$

【注意】销售预测的定量分析法包括趋势预测分析法和因果预测分析法，趋势预测分析法又包括算术平均法、加权平均法、移动平均法和指数平滑法。

【例 2·单选】下列销售预测方法中，属于定量分析法的是（   ）。(2016 年)
A. 专家判断法　　　　　　　　B. 因果预测分析法
C. 产品寿命分析法　　　　　　D. 营销员判断法
【答案】B
【解析】其他选项均为定性分析。

【例 3·单选】下列销售预测方法中，属于因果预测分析法的是（   ）。(2014 年)
A. 指数平滑法　　　　　　　　B. 移动平均法
C. 专家小组法　　　　　　　　D. 回归直线法
【答案】D
【解析】指数平滑法、移动平均法属于趋势预测分析法，专家小组法属于定性分析法，回归直线法属于因果预测分析法。故选项 D 正确。

三、销售定价管理

考点 1. 影响产品价格的因素
（1）价值因素
（2）成本因素
（3）市场供求因素
（4）竞争因素
（5）政策法规

★★★ 考点2. 企业的定价目标

定价目标	特征	适用性
实现利润最大化	较高的价格，提高产品单位利润率	处于领先或垄断地位的企业 在行业竞争中具有很强的竞争优势，并能长时间保持这种优势的企业
保持或提高市场占有率	注重企业长期经营利润，产品价格往往需要低于同类产品价格	薄利多销的企业
稳定价格	行业中的领导企业制定一个价格，其他企业的价格则与之保持一定的比例关系，有利于创造相对稳定的市场环境，减少风险，避免过度竞争	产品标准化的行业，如钢铁制造业等
应对和避免竞争	参照对市场有决定性影响的竞争对手的产品价格变动情况，随时调整本企业产品价格	中小型企业
树立企业形象及产品品牌	树立优质高价形象，产生品牌的增值效应；树立大众化评价形象	

【例4·多选】下列各项中，可以作为企业产品定价目标的有（　　）。(2017年)

A. 保持或提高市场占有率　　　　B. 应对和避免市场竞争

C. 实现利润最大化　　　　　　　D. 树立企业形象

【答案】ABCD

【解析】企业自身的实际情况及所面临的外部环境不同，企业的定价目标也多种多样，主要有以下几种：（1）实现利润最大化；（2）保持或提高市场占有率；（3）稳定价格；（4）应对和避免竞争；（5）树立企业形象及产品品牌。故选项ABCD均是正确答案。

★★★ 考点3. 以成本为基础的定价方法

基本原理：价格 = 单位成本 + 单位税金 + 单位利润

　　　　　= 单位成本 + 价格×税率 + 单位利润

价格×（1－税率）= 单位成本 + 单位利润

（1）定价基础

变动成本	包括变动制造成本和变动期间费用
制造成本	一般包括直接材料、直接人工和制造费用
全部成本费用	包括制造成本和管理费用、销售费用及财务费用等各种期间费用

【例5·多选】使用以成本为基础的定价方法时，可以作为产品定价基础的成本类型有（　　）。(2012年)

A. 变动成本　　B. 制造成本　　C. 完全成本　　D. 固定成本

【答案】ABC

【解析】使用以成本为基础的定价方法时，可以作为产品定价基础的成本类型有变动成本、制造成本和完全成本。注：完全成本是以前的称呼，现在教材改为"全部成本费用"。

（2）全部成本加成定价法

原理：是在<u>**全部成本费用**</u>的基础上，<u>**加合理利润**</u>来定价。合理利润的确定，在工业企业一般是根据成本利润率，而在商业企业一般是根据销售利润率。

$$价格 \times (1-税率) = 单位成本 + 单位利润$$

①成本利润率定价。

$$单位产品价格 = \frac{单位成本 \times (1+成本利润率)}{1-适用税率}$$

②销售利润率定价。

$$单位产品价格 = \frac{单位成本}{1-销售利润率-适用税率}$$

【例6·综合】资料：F产品年设计生产能力为15 000件，2015年计划生产12 000件，预计单位变动成本为200元，计划期的固定成本总额为720 000元。该产品适用的消费税税率为5%，成本利润率为20%。

要求：根据资料，运用全部成本费用加成定价法测算F产品的单价。（2015年节选）

【答案】按照全部成本费用加成定价法确定F产品的单价：

单位产品价格 = 单位成本 ×（1 + 成本利润率）÷（1 - 适用税率）=（200 + 720 000/12 000）×（1 + 20%）÷（1 - 5%）= 328.42（元）

（3）保本点定价法

公式：$$单位产品价格 = \frac{单位固定成本 + 单位变动成本}{1-适用税率} = \frac{单位完全成本}{1-适用税率}$$

【注意】由于按照该价格销售产品，利润为0，所以该价格为最低价格。

【例子】某企业生产乙产品，本期计划销售量10 000件，应负担的固定成本总额为250 000元，单位产品变动成本70元，适用的消费税税率5%。

要求：根据以上资料，采用保本点定价法测算乙产品的单位价格。

【答案】单位成本 = 70 + 250 000/10 000 = 95（元）

单位价格 = 95/（1 - 5%）= 100（元）

（4）目标利润定价法

$$价格 = \frac{单位成本 + 单位目标利润}{1-适用税率}$$

【例子】某企业生产丙产品，本期计划销售量10 000件，目标利润总额240 000元，完全成本总额520 000元，适用的消费税税率5%。

要求：根据目标利润定价法测算丙产品的价格。

【答案】单位成本 = 520 000/10 000 = 52（元）

单位目标利润 = 240 000/10 000 = 24（元）

$$价格 = \frac{52+24}{1-5\%} = 80（元）$$

(5) 变动成本定价法（特殊情况下的定价方法）

原理	变动成本定价法是指企业在生产能力有剩余的情况下增加生产一定数量的产品所应分担的成本。这些增加的产品可以不负担企业的固定成本，只负担变动成本。在确定价格时产品成本<u>仅以变动成本计算</u>
公式	单位产品价格 = $\dfrac{单位变动成本 \times (1 + 成本利润率)}{1 - 适用税率}$

【注意】（1）此处的变动成本是指<u>完全变动成本</u>，包括<u>变动制造成本</u>和<u>变动期间费用</u>。（2）变动成本定价法确定的价格，为生产能力有剩余情况下的定价方法，不能用于正常销售产品的价格制定。

【例7·综合】资料：F 产品年设计生产能力为 15 000 件，2015 年计划生产 12 000 件，预计单位变动成本为 200 元，计划期的固定成本总额为 720 000 元。该产品适用的消费税税率为 5%，成本利润率为 20%。

要求：根据资料，运用变动成本费用加成定价法测算 F 产品的单价。（2015 年节选）

【答案】变动成本费用加成定价法确定的 F 产品的单价：

单位产品价格 = 单位成本 × （1 + 成本利润率）/（1 - 适用税率）= 200 × （1 + 20%）/（1 - 5%）= 252.63（元）。

★★★考点4. 以市场需求为基础的定价方法

(1) 价格弹性系数定价法

某种产品的需求量随其价格的升降而变动的程度，就是需求价格弹性系数，其计算公式为：

$$E = \dfrac{\Delta Q / Q_0}{\Delta P / P_0}$$

式中：E——某种产品的需求价格弹性系数；ΔP——价格变动量；ΔQ——需求变动量；P_0——基期单位产品价格；Q_0——基期需求量。

(2) 边际分析定价法

利润 = 收入 - 成本

边际利润 = 边际收入 - 边际成本 = 0

边际收入 = 边际成本

【结论】<u>边际收入等于边际成本</u>时，<u>利润最大</u>，此时的价格为<u>最优价格</u>。

【例8·单选】下列各项产品定价方法中，以市场需求为基础的是（　　）。（2014 年）
A. 目标利润定价法　　　　　　　　B. 保本点定价法
C. 边际分析定价法　　　　　　　　D. 变动成本定价法

【答案】C

【解析】以市场需求为基础的定价方法有需求价格弹性系数定价法、边际分析定价法。故选项 C 正确。

考点 5. 价格运用策略（2018 年变动）

策略	分类
折让定价策略	现金折扣、数量折扣、功能折扣、专营折扣、季节折扣、品种折扣、网上折扣、购买限制折扣、团购折扣、预购折扣、众筹折扣、会员折扣
心理定价策略	声望定价、尾数定价、双位定价、高位定价
组合定价策略	有互补关系的相关产品、有配套关系的相关产品
寿命周期定价策略	推广期：低价促销 成长期：中等价格策略 成熟期：可以采用高价促销，但必须考虑竞争者的情况，以保持现有市场销售量 衰退期：降价促销或维持现价并辅之以折扣等其他手段

第三节 纳税管理

一、纳税筹划的方法

★★★考点 1. 纳税筹划的方法

减少应纳税额	利用税收优惠政策：免税、减税、退税、税收扣除、税率差异、分劈技术、税收抵免
	转让定价筹划法
递延纳税	使应纳税额的现值减小；采取有利的会计处理方法（存货计价方法、固定资产折旧方法等）

【例 1 · 单选】在税法许可的范围内，下列纳税筹划方法中，能够导致递延纳税的是（　　）（2017 年）

A. 固定资产加速折旧法　　　　　　B. 费用在母子公司之间合理分劈法

C. 转让定价筹划法　　　　　　　　D. 研究开发费用加计扣除法

【答案】A

【解析】利用会计处理方法进行递延纳税筹划主要包括存货计价方法的选择和固定资产折旧的纳税筹划。所以选项 A 正确。

【例 2 · 多选】纳税筹划可以利用的税收优惠政策包括（　　）。（2016 年）

A. 税收扣除政策　　　　　　　　　B. 减税政策

C. 免税政策　　　　　　　　　　　D. 退税政策

【答案】ABCD

【解析】各选项均为利用税收优惠进行纳税筹划的主要政策。

第四节　分配管理

一、股利政策与企业价值

★★★**考点1. 股利分配理论**

（1）股利无关论

股利无关论认为，在一定的假设条件限制下，**股利政策不会对公司的价值或股票的价格产生任何影响**，投资者不关心公司股利的分配。

（2）股利相关论

"手中鸟"理论	该理论认为公司的股利政策与公司的股票价格是密切相关的，即当公司支付较高的股利时，公司的股票价格会随之上升，公司价值将得到提高
信号传递理论	该理论认为，在信息不对称的情况下，公司可以通过股利政策向市场传递有关公司未来盈利能力的信息，从而会影响公司的股价
所得税差异理论	该理论认为，由于普遍存在的税率的差异及纳税时间的差异，资本利得收益比股利收益更有助于实现收益最大化目标，企业应当采用低股利政策
代理理论	该理论认为，股利的支付能够有效地降低代理成本。高水平的股利政策有助于降低企业的代理成本，但同时也增加了企业的外部融资成本，所以，最优的股利政策应当使这两种成本之和最小

【例1·单选】当公司宣布高股利政策后，投资者认为公司有充足的财务实力和良好的发展前景，从而使股价产生正向反映。持有这种观点的股利理论是（　　）。(2017年)

A. 所得税差异理论　　　　　　　　B. 信号传递理论
C. 代理理论　　　　　　　　　　　D. "手中鸟"理论

【答案】B

【解析】信号传递理论认为，在信息不对称的情况下，公司可以通过股利政策向市场传递有关公司未来获利能力的信息，从而会影响公司的股价。此题公司通过宣布高股价政策，向投资者传递"公司有充足的财务实力和良好的发展前景"的信息，从而对股价产生正向影响，故选项B正确。

【例2·单选】厌恶风险的投资者偏好确定的股利收益，而不愿将收益存在公司内部去承担未来的投资风险，因此公司采用高现金股利政策有利于提升公司价值。这种观点的理论依据是（　　）。(2016年)

A. 代理理论　　　　　　　　　　　B. 所得税差异理论
C. 信号传递理论　　　　　　　　　D. "手中鸟"理论

【答案】D

【解析】"手中鸟"理论认为，用留存收益再投资给投资者带来的收入具有较大的不确定性，并且投资的风险随时间的推移会进一步加大，因此，厌恶风险的投资者会偏好确定的股利收入，而不愿意将收入留存在公司内部，去承担未来的投资风险，所以选项D正确。

【例3·单选】某股利分配理论认为，由于对资本利得收益征收的税率低于对股利收益征收的税率，企业应采用低股利政策。该股利分配理论是（   ）。(2015年)

A. 代理理论　　　　　　　　　　B. 信号传递理论
C. "手中鸟"理论　　　　　　　　D. 所得税差异理论

【答案】D

【解析】所得税差异理论认为，由于普遍存在的税率以及纳税时间的差异，资本利得收益比股利收益更有助于实现收益最大化目标，公司应当采用低股利政策。一般来说，对资本利得收益征收的税率低于对股利收益征收的税率；再者，即使两者没有税率上的差异，由于投资者对资本利得收益的纳税时间选择更具有弹性，投资者仍可以享受延迟纳税带来的收入差异。

★★★考点2. 股利政策

（1）剩余股利政策

含义	公司在有良好投资机会时，根据目标资本结构，测算出投资所需的权益资本额，先从盈余中留用，然后将剩余的盈余作为股利发放
优点	①降低再投资的资金成本 ②保持最佳的资本结构 ③实现企业价值的长期最大化
缺陷	①若完全遵照执行剩余股利政策，股利发放额就会每年随着投资机会和盈利水平的波动而波动 ②不利于投资者安排收入与支出，也不利于树立公司良好的形象
适用	一般适用于公司的<u>初创阶段</u>

【例4·多选】下列各项中，属于剩余股利政策优点的有（   ）。(2014年)

A. 保持目标资本结构　　　　　　B. 降低再投资资本成本
C. 使股利与企业盈余紧密结合　　D. 实现企业价值的长期最大化

【答案】ABD

【解析】剩余股利政策的优点是：留存收益优先保证再投资的需要，有助于降低再投资的资本成本，保持最佳的资本结构，实现企业价值的长期最大化。所以选项ABD正确。

（2）固定或稳定增长的股利政策

公司将每年派发的股利额固定在某一特定水平或是在此基础上维持某一固定比率逐年稳定增长。

（3）固定股利支付率政策

含义	公司将每年净收益的某一固定百分比作为股利分派给股东。这一百分比通常称为<u>股利支付率</u>，股利支付率一经确定，一般不得随意变更
优点	①股利与公司盈余紧密地配合，体现了<u>多盈多分、少盈少分、无盈不分</u>的股利分配原则 ②从企业支付能力的角度看，这是一种稳定的股利政策

缺点	①年度间股利支付额波动较大，股利的波动很容易给投资者带来经营状况不稳定、投资风险较大的不良印象 ②容易使公司面临较大的财务压力 ③合适的固定股利支付率的确定难度大
适用	比较适用于那些处于<u>稳定发展且财务状况也较稳定</u>的公司

【例5·单选】下列各项中，属于固定股利支付率政策的优点是（　　）。(2016年)

A. 股利与公司盈余紧密结合　　　　　B. 有利于树立公司的良好形象

C. 股利分配有较大灵活性　　　　　　D. 有利于稳定公司的股价

【答案】A

【解析】固定股利支付率的优点之一是股利与公司紧密地配合，体现了"多盈多分、少盈少分、无盈不分"的股利分配原则。

（4）低正常股利加额外股利政策

含义	指公司事先设定一个较低的正常股利额，每年除了按正常股利额向股东发放股利外，还在企业盈余较多、资金较为充裕的年度向股东发放额外股利
优点	①赋予公司<u>一定的灵活性</u>，使公司在股利发放上留有余地和具有<u>较大的财务弹性</u>。 ②使那些依靠股利度日的股东每年至少可以得到虽然较低但比较稳定的股利收入，从而吸引住这部分股东
缺点	①由于年份之间公司<u>盈利的波动</u>使得额外股利不断变化，造成分派的股利不同，容易给投资者收益<u>不稳定</u>的感觉 ②当公司在较长时期持续发放额外股利后，可能会被股东误认为是"正常股利"，<u>一旦</u>取消，传递出去的信号可能会使股东认为这是公司财务状况恶化的表现，进而导致股价下跌
适用	对于那些盈利随着经济周期而波动较大或者盈利与现金流量很不稳定的公司，采用低正常股利加额外股利政策也许是一种不错的选择

【例6·单选】下列股利政策中，具有较大财务弹性，且可使股东得到相对稳定股利收入的是（　　）。(2017年)

A. 剩余股利政策　　　　　　　　　　B. 固定或稳定增长的股利政策

C. 固定股利支付率政策　　　　　　　D. 低正常股利加额外股利政策

【答案】D

【解析】低正常股利加额外股利政策，是指公司事先设定一个较低的正常股利额，每年除了按正常股利额向股东发放股利外，还在公司盈余较多、资金较为充裕的年份向股东发放额外股利。低正常股利加额外股利政策的优点：(1) 赋予公司较大的灵活性，使公司在股利发放上留有余地，并具有较大的财务弹性。公司可根据每年的具体情况，选择不同的股利发放水平，以稳定和提高股价，进而实现公司价值最大化；(2) 使那些依靠股利度日的股东每年至少可以得到虽然较低但比较稳定的股利收入，从而吸引住这部分股东。故选项D正确。

【例7·多选】下列各项股利政策中，股利水平与当期盈利直接关联的有（　　）。(2014年)

A. 固定股利政策　　　　　　　　　　B. 稳定增长股利政策

C. 固定股利支付率政策　　　　　　　D. 低正常股利加额外股利政策

【答案】CD
【解析】固定或稳定增长股利政策的缺点之一是股利的支付与企业的盈利相脱节。

二、利润分配的制约因素

考点1. 利润分配的制约因素

法律因素	资本保全约束、资本积累约束、超额累积利润约束和偿债能力约束
公司因素	现金流量、资产的流动性、盈余的稳定性、投资机会、筹资因素和其他因素
股东因素	控制权、稳定的收入和避税
其他因素	债务契约和通货膨胀

三、股利支付形式与程序

★★★ 考点1. 股利支付形式

（1）股利支付形式

现金股利	以现金支付的股利，它是股利支付的最常见的方式
财产股利	以现金以外的其他资产支付的股利，主要是以公司所拥有的其他公司的有价证券，如债券、股票等，作为股利支付给股东
负债股利	以负债方式支付的股利，通常以公司的应付票据支付给股东，有时也以发放公司债券的方式支付股利
股票股利	以增发股票的方式所支付的股利

（2）股票股利

①股票股利的影响。

股票股利对公司来说，并没有现金流出企业，也不会导致公司的财产减少，而只是将公司的留存收益转化为股本。但股票股利会增加流通在外的股票数量，同时降低股票的每股价值。它不会改变公司股东权益总额，但会改变股东权益的构成。

有影响的项目	所有者权益的结构变化；股数增加；每股收益下降；每股市价可能下降
无影响的项目	面值不变；资产总额、负债总额、所有者权益总额不变；投资者所占股份比例不变

【例8·单选】下列各项中，不影响股东权益总额变动的股利支付形式是（　　）。（2012年）

A. 现金股利　　　　　　　　　B. 股票股利
C. 负债股利　　　　　　　　　D. 财产股利

【答案】B
【解析】股票股利会增加流通在外的股票数量，同时降低股票的每股价值。它不会改变公司股东权益总额，但会改变股东权益的构成。

②发放股票股利的优点。

股东角度	a. 有时股价<u>并不成比例下降</u>,可<u>使股票价值相对上升</u> b. 由于股利收入和资本利得税率的差异,如果股东<u>把股票股利出售</u>,还会<u>带来资本利得纳税上的好处</u>
公司角度	a. <u>不需要向股东支付现金</u>,在再投资机会较多的情况下,公司就可以为再投资提供成本较低的资金,从而有利于公司的发展 b. <u>可以降低公司股票的市场价格</u>,既有利于促进股票的交易和流通,又有利于吸引更多的投资者成为公司股东,进而使股权更为分散,有效地防止公司被恶意控制 c. 可以传递公司未来发展良好的信息,从而增强投资者的信心,在一定程度上<u>稳定股票价格</u>

【例9·多选】对公司而言,发放股票股利的优点有( )。(2017年)
A. 减轻公司现金支付压力
B. 使股权更为集中
C. 可以向市场传递公司未来发展前景良好的信息
D. 有利于股票交易和流通

【答案】ACD

【解析】对公司来讲,股票股利的优点主要有:(1)发放股票股利不需要向股东支付现金,在再投资机会较多的情况下,公司就可以为再投资提供成本较低的资金,从而有利于公司的发展,故选项A正确;(2)发放股票股利可以降低公司股票的市场价格,既有利于促进股票的交易和流通,又有利于吸引更多的投资者成为公司股东,进而使股权更为分散,有效地防止公司被恶意控制,选项B错误,选项D正确;(3)股票股利的发放可以传递公司未来发展前景良好的信息,从而增强投资者的信息,在一定程度上稳定股票价格,选项C正确。

★★考点2. 股利支付程序

股利宣告日	董事会将<u>股利支付情况</u>予以公告的日期
股权登记日	有权<u>领取本期股利</u>的股东资格<u>登记截止</u>日期 在这一天之后取得股票的股东则无权领取本次分派的股利
除息日	<u>领取股利的权利与股票分离</u>的日期 在除息日之前购买的股票才能领取本次股利,而除息日当天或是以后购买的股票,则不能领取本次股利
股利发放日	向股权登记日在册的股东<u>实际支付股利</u>的日期

【例10·单选】要获得收取股利的权利,投资者购买股票的最迟日期是( )。(2016年)
A. 股利宣告日
B. 股利发放日
C. 除息日
D. 股权登记日

【答案】D

【解析】股权登记日即有权领取本期股利的股东资格登记截止日期。

【例11·判断】在股利支付程序中,除息日是指领取股利的权利与股票分离的日期,在除息日购买股票的股东有权参与当次股利的分配。( )(2014年)

【答案】×

[150]

【解析】在除息日之前购买的股票才能领取本次股利,而在除息日当天或是以后购买的股票,则不能领取本次股利,所以本题表述错误。

四、股票分割和股票回购

★★**考点1. 股票分割**

(1) 股票分割的概念与作用

含义	又称<u>拆股</u>,即将一股股票拆分成多股股票的行为
作用	①<u>降低股票价格</u> ②向市场和投资者传递"公司发展前景良好"的信号,有助于<u>提高投资者对公司股票的信心</u>

【注意】股东权益总额、股东持股比例及其内部结构都<u>不发生任何变化</u>。

【例12·单选】下列各项中,受企业股票分割影响的是( )。(2015年)
A. 每股股票价值　　　　　　B. 股东权益总额
C. 企业资本结构　　　　　　D. 股东持股比例
【答案】A
【解析】股票分割在不增加股东权益的情况下增加了股份的数量,股东权益总额及其内部结构都不发生任何变化,变化的只是股票面值。故选项A正确。

(2) 反分割

反分割又称**股票合并**或**逆向分割**,是指将多股股票合并为一股股票的行为。反分割显然会**降低股票的流通性**,提高公司股票投资的门槛,它向市场传递的信息通常都是不利的。

【总结】股票股利和股票分割的比较。

内容	股票股利	股票分割
不同点	①面值不变 ②股东权益结构改变 ③属于股利支付方式	①面值变小 ②股东权益结构不变 ③不属于股利支付方式
相同点	①普通股股数增加(股票分割增加更多) ②每股收益和每股市价下降(股票分割下降更多) ③股东持股比例不变 ④资产总额、负债总额、股东权益总额不变	

【例13·判断】股票分割会使股票的每股市价下降,可以提高股票的流动性。( )(2013年)
【答案】√
【解析】股票分割会使每股市价降低,买卖该股票所需资金减少,从而可以促进股票的流通和交易。因此本题的表述正确。

★★★ 考点2. 股票回购

（1）股票回购的含义与方式

含义	指上市公司出资将其发行流通在外的股票以一定价格购买回来予以注销或作为库存股的一种资本运作方式
方式	①公开市场回购：公司在股票的公开交易市场上以当前市场价格回购股票 ②要约回购：公司在特定期间向市场发出的以高出股票当前市场价格的某一价格，回购既定数量股票的要约 ③协议回购：公司以协议价格直接向一个或几个主要股东回购股票

【例14·多选】根据股票回购对象和回购价格的不同，股票回购的主要方式有（　　）。(2013年)

A. 要约回购　　　　　　　　　　B. 协议回购
C. 杠杆回购　　　　　　　　　　D. 公开市场回购

【答案】ABD

【解析】股票回购的方式主要包括公开市场回购、要约回购和协议回购三种。其中，公开市场回购，是指公司在公开交易市场上以当前市价回购股票；要约回购是指公司在特定期间向股东发出的以高出当前市价的某一价格回购既定数量股票的要约，并根据要约内容进行回购；协议回购则是指公司以协议价格直接向一个或几个主要股东回购股票。故选项ABD正确。

（2）股票回购的动机

①现金股利的替代。
②改变公司的资本结构（提高公司的财务杠杆水平）。
③传递公司信息（投资者会认为股票回购意味着公司认为其股票价值被低估而采取的应对措施）。
④巩固控制权。

【例15·判断】由于信息不对称和预期差异，投资者会把股票回购当做公司认为其股票价格被高估的信号。（　　）(2017年)

【答案】×

【解析】由于信息不对称和预期差异，证券市场上的公司股票价格可能被低估，而过低的股价将会对公司产生负面影响。一般情况下，投资者会认为股票回购意味着公司认为其股票价值被低估而采取的应对措施。因此本题说法错误。

（3）股票回购的影响

①股票回购需要大量资金支付回购的成本，容易造成**资金紧张**，**资产流动性降低**，影响公司的后续发展。

②公司进行股票回购，无异于股东退股和公司资本的减少，也可能会使公司的发起人股东更注重创业利润的实现，从而不仅在一定程度上**削弱了对债权人利益的保护**，而且忽视了公司的长远发展，**损害了公司的根本利益**。

③股票回购容易导致公司**操纵股价**。公司回购自己的股票，容易导致其利用内幕消息进行炒作，加剧公司行为的非规范化，**损害投资者的利益**。

【例16·单选】股票回购对上市公司的影响是（　　）。(2017年)

A. 有利于保护债权人利益　　　　B. 分散控股股东的控制权
C. 有利于降低公司财务风险　　　D. 降低资产流动性

【答案】D

【解析】股票回购对上市公司的影响主要表现在以下几个方面：（1）股票回购需要大量资金支付回购的成本，容易造成资金紧张，资产流动性降低，影响公司的后续发展；（2）公司进行股票回购，无异于股东退股和公司资本的减少，也可能会使公司的发起人股东更注重创业利润的实现，从而不仅在一定程度上削弱了对债权人利益的保护，而且忽视了公司的长远发展，损害了公司的根本利益；（3）股票回购容易导致公司操纵股价。公司回购自己的股票，容易导致其利用内幕消息进行炒作，加剧公司行为的非规范化，损害投资者的利益。故选项D正确。

五、股权激励

★考点1. 股票期权模式

含义	股份公司赋予激励对象（如经理人员）在未来某一特定日期内以特定价格购买一定数量的公司股份的选择权
适用	初始资本投入较少，资本增值较快，处于成长初期或扩张期的企业，如<u>网络、高科技</u>等风险较高的企业

【例17·单选】股份有限公司赋予激励对象在未来某一特定日期内，以预先确定的价格和条件购买公司一定数量股份的选择权，这种股权激励模式是（　　）。（2013年）

A. 股票期权模式　　　　　　　B. 限制性股票模式
C. 股票增值权模式　　　　　　D. 业绩股票激励模式

【答案】A

【解析】股票期权是指股份公司赋予激励对象在未来某一特定日期内以预先确定的价格和条件购买公司一定数量股份的选择权。

★考点2. 限制性股票模式

含义	公司为了实现某一特定目标，先将一定数量的<u>股票赠与</u>或<u>以较低价格授予激励对象</u>。只有当激励对象实现预定目标后才可将限制性股票抛售并从中获利；若预定目标没有实现，公司有权将免费赠与的限制性股票收回或者将售出股票以激励对象购买时的价格回购
适用	处于<u>成熟期的企业</u>

【例18·单选】若鼓励对象没有实现约定目标，公司有权将免费赠与的股票收回，这种股权激励是（　　）。（2017年）

A. 股票股权模式　　　　　　　B. 业绩股票模式
C. 股票增值权模式　　　　　　D. 限制性股票模式

【答案】D

【解析】限制性股票模式指公司为了实现某一特定目标，先将一定数量的股票赠与或以较低价格售予激励对象。选项D正确。

考点3. 股票增值权模式

含义	公司授予经营者一种权利，如果经营者努力经营企业，在规定期限内，公司股票价格上升或公司业绩上升，经营者就可以按一定比例获得这种由股价上扬或业绩提升所带来的收益，收益为<u>行权价</u>与行权日<u>二级市场股价</u>之间的差价或净资产的增值额
适用	现金流量比较充裕且比较稳定的上市公司和现金流量比较充裕的非上市公司

★ 考点4. 业绩股票激励模式

含义	公司在年初确定一个合理的年度业绩目标，如果激励对象经过大量努力后，在年末实现了公司预定的年度业绩目标，则公司给予激励对象一定数量的股票，或奖励其一定数量的奖金来购买本公司的股票。业绩股票在锁定一定年限以后才可以兑现
适用	业绩股票激励模式只对公司的业绩目标进行考核，不要求股价的上涨，因此，比较适合于业绩稳定型的上市公司及其集团公司、子公司

【例19·判断】业绩股票激励模式只对业绩目标进行考核，而不要求股价的上涨，因而比较适合业绩稳定的上市公司。（   ）（2015年）

【答案】√

【解析】业绩股票激励模式只对公司的业绩目标进行考核，不要求股价的上涨，因此比较适合业绩稳定型的上市公司及其集团公司、子公司。

检测4-1

第十章 财务分析与评价

本章考情分析

思维导图

本章为重点章,主要介绍财务分析的内容、方法和局限性,基本的财务报表分析、上市公司的财务分析,以及财务综合分析和综合绩效评价等内容。

本章各种题型都有可能出现,并以主观题为主,平均分值在8~10分左右。

年份 题型	2014年		2015年		2016年		2017年卷一		2017年卷二	
	题量	分值	题量	分值	题量	分值	题量	分值	题量	分值
单选题	2	2	1	1	—	—	1	1	1	1
多选题	1	2	1	2	1	2	1	2	1	2
判断题	1	1	—	—	1	1	1	1	1	1
计算题	1	5	1	5	1	5	—	—	1	5
综合题	—	—	—	—	1	4	1	6	—	—
合计	—	10	—	8	—	12	—	10	—	11

第一节 财务分析与评价的主要内容与方法

一、财务分析的内容

★考点1. 财务分析的内容

	企业所有者	关心<u>资本保值增值</u>——获利能力指标分析
信息需求者	企业债权人	关心<u>企业的偿债能力</u>——主要分析偿债能力,并关注盈利能力
	企业经营决策者	<u>营运能力、偿债能力、盈利能力、发展能力</u>等全方位综合分析,并关注<u>财务、经营风险</u>
	政府	具有多重身份,因所具身份不同对企业财务分析的关注点不同
基本内容		偿债能力、营运能力、盈利能力、发展能力和现金流量分析等

【例1·判断】在财务分析中,企业经营者应对企业财务状况进行全面的综合分析,并关注企业财务风险和经营风险。( )(2012年)

【答案】√

【解析】经营决策者关注企业经营理财的各方面,包括偿债能力、运营能力、盈利能力、发展能力,主要进行各方面综合分析,并关注企业财务风险和经营风险。

二、财务分析的方法

考点1. 比较分析法

含义	对两个或两个以上可比数据进行对比，找出企业财务状况、经营成果中的差异与问题
运用	（1）重要财务指标的比较 定基动态比率 = 分析期数额/固定基期数额——<u>反映长期趋势</u> 环比动态比率 = 分析期数额/前期数额——<u>反映短期趋势</u> （2）会计报表的比较 （3）会计报表项目构成的比较

【例2·单选】A 公司需要对公司的销售收入进行分析，通过分析可以得到 20×7、20×8、20×9 年销售收入的环比动态比率分别为 110%、115% 和 95%。如果该公司以 20×7 年作为基期，20×9 年作为分析期，则其定基动态比率为（　　）。

A. 126.5%　　　B. 109.25%　　　C. 104.5%　　　D. 120.18%

【答案】B

【解析】20×9 年收入/20×7 年收入 =（20×9 年收入/20×8 年收入）×（20×8 年收入/20×7 年收入）= 115% × 95% = 109.25%。

★★考点2. 比率分析法

比率	说明
构成（结构）比率	反映部分与总体的关系，如<u>资产构成比率</u>、<u>负债构成比率</u>；用于考察总体中某个部分的形成和安排是否合理，以便协调各项财务活动
效率比率	反映投入与产出的关系，如<u>成本利润率、销售利润率、资本金利润率</u>；用于进行得失比较，考察经营成果，评价经济效益
相关比率	反映有关经济活动的相互关系，如流动比率、资产负债率；用于考察企业相互关联的业务安排得是否合理，以保障经营活动顺畅进行

【例3·单选】下列比率指标的不同类型中，流动比率属于（　　）。（2014 年）

A. 构成比率　　　　　　　　　　B. 动态比率
C. 相关比率　　　　　　　　　　D. 效率比率

【答案】C

【解析】相关比率是以某个项目和与其有关但又不同的项目加以对比所得的比率，比如流动比率和资产负债率等。故选项 C 正确。

【例4·单选】下列财务比率中，属于效率比率的是（　　）。（2017 年）

A. 速动比率　　　　　　　　　　B. 成本利润率
C. 资产负债率　　　　　　　　　D. 资本积累率

【答案】B

【解析】效率比率是某项财务活动中所费与所得的比率，反映投入与产出的关系。利用效率比率指标，可以进行得失比较，考察经营结果，评价经济效益。比如，将利润项目与销售成本、销售收入、资本金等项目加以对比，可以计算出成本利润率、销售利润率和资本金利润率等指标，从不同角度观察比较企业获利能力的高低及其增减变化情况，故选项 B 正确。

三、财务分析的局限性

考点1. 财务分析的局限性

资料来源	报表数据存在<u>时效性</u>、<u>真实性</u>、<u>可靠性</u>、<u>可比性</u>、<u>完整性问题</u>
财务分析方法	(1) 比较分析法要求比较的双方必须具有<u>可比性</u> (2) 比率分析的<u>综合程度较低</u>，另外，比率指标提供的信息与决策之间的<u>相关性不高</u> (3) 因素分析法的一些假定往往与事实不符 (4) 在进行财务分析时，分析者往往只注重数据的比较而忽略经营环境的变化，得出的分析结论是不全面的
财务分析指标	(1) 财务指标体系<u>不严密</u> (2) 财务指标存在所反映的情况具有相对性，<u>评价标准不统一</u>、<u>比较基础不统一</u>等问题

第二节　基本的财务报表分析

命名规律	母子率	如<u>资产负债率</u>、<u>净资产收益率</u>等
	子比率	如流动比率、速动比率、现金比率等。主要为短期偿债能力指标，分母一般为"流动负债"
	周转率	某项目周转次数＝周转额/该项目平均值 某项目周转天数＝计算期天数/周转次数 周转额一般为收入净额（存货周转率使用销售成本）
比率构造规律	\multicolumn{2}{l	}{分子分母的时间特征必须保持一致。这里存在三种情况： (1) 时点数/时点数 (2) 时期数/时期数 (3) 时期数/时点数（此时分母一般使用平均数）}

一、短期偿债能力分析

考点1. 营运资金

公式	营运资金＝流动资产－流动负债
理解	(1) 营运资金<u>为正</u>，说明企业<u>财务状况稳定</u>，不能偿债的<u>风险较小</u> (2) 营运资金<u>为负</u>，企业部分非流动资产以流动负债作为资金来源，企业不能偿债的<u>风险很大</u>
缺点	营运资金是绝对数，不便于不同企业之间的比较

★考点2. 流动比率

公式	流动比率＝流动资产/流动负债 流动比率越大通常短期偿债能力越强。生产企业合理的最低流动比率是2
注意	①流动比率高不意味着短期偿债能力一定很强 ②计算出来的流动比率，只有和同行业平均流动比率、本企业历史流动比率进行比较，才能知道这个比率是高还是低
影响因素	<u>营业周期、流动资产中的应收账款和存货的周转速度</u>
缺点	①该比率比较容易人为操纵 ②没有揭示流动资产的构成内容，只能大致反映流动资产整体的变现能力

【例1·多选】公司当年的经营利润很多，却不能偿还到期债务。为查清其原因，应检查的财务比率包括（　　）。

A. 销售净利率　　　　　　　　　B. 流动比率
C. 存货周转率　　　　　　　　　D. 应收账款周转率

【答案】BCD

【解析】不能偿还到期债务需要检查企业的短期偿债能力，影响短期偿债能力的比率有流动比率，其中影响流动比率的因素还包括存货周转率和应收账款周转率，故正确答案是 BCD。

★考点3. 速动比率

公式	速动比率＝速动资产/流动负债
注意	货币资金、以公允价值计量且其变动计入当期损益的金融资产和各种应收款项，称为<u>速动资产</u>（2018年变动） 另外的流动资产，包括存货、预付款项、一年内到期的非流动资产和其他流动资产等，属于<u>非速动资产</u>
影响因素	应收账款的变现能力

【例2·单选】下列各项中，不属于速动资产的是（　　）。（2014年）

A. 现金　　　　　　　　　　　　B. 产成品
C. 应收账款　　　　　　　　　　D. 交易性金融资产

【答案】B

【解析】产成品属于存货，存货属于非速动资产。

考点4. 现金比率

公式	现金比率＝（货币资金＋交易性金融资产）/流动负债
现金资产	现金资产包括<u>货币资金</u>和<u>交易性金融资产</u>等
注意	①剔除了应收账款对偿债能力的影响，最能反映企业直接偿付流动负债的能力 ②这一比率过高，就意味着企业过多资源占用在盈利能力较低的现金资产上从而影响企业盈利能力

【注意】一般情况下：<u>流动比率＞速动比率＞现金比率</u>。

【例3·单选】在其他因素不变的情况下，下列各项中会使现金比率上升的是（　　）。

A.货币资金增加
B.交易性金融资产减少
C.赊销商品，导致应收账款增加
D.赊购商品，导致应付账款增加

【答案】A

【解析】现金比率＝（货币资金＋交易性金融资产）/流动负债，货币资金增加，则现金比率上升，所以选项A是正确答案。

二、长期偿债能力分析

考点1. 资产负债率

$$资产负债率 = 负债总额 \div 资产总额 \times 100\%$$

【注意】比率越低，表明企业资产对负债的保障能力越高，企业的长期偿债能力越强。

★考点2. 产权比率

公式	产权比率＝负债总额÷所有者权益×100% 这一比率越低，表明企业长期偿债能力越强，债权人权益保障程度越高
注意	①当企业的资产收益率大于负债成本率时，负债经营有利于提高资金收益率，获得额外的利润，这时的产权比率可适当高些 ②产权比率高，是高风险、高报酬的财务结构，财务杠杆效应强；产权比率低，是低风险、低报酬的财务结构，财务杠杆效应弱

【例4·单选】产权比率越高，通常反映的信息是（　　）。（2015年）

A.财务结构越稳健　　　　　　B.长期偿债能力越强

C.财务杠杆效应越强　　　　　D.股东权益的保障程度越高

【答案】C

【解析】产权比率＝负债总额÷所有者权益总额×100%，这一比率越高，表明企业长期偿债能力越弱，债权人权益保障程度越低，所以选项BD不正确；产权比率越高，是高风险、高报酬的财务结构，财务杠杆效应强，所以选项C正确，选项A不正确。

★★★考点3. 权益乘数

权益乘数＝总资产÷股东权益

【注意】产权比率和权益乘数是资产负债率的另外两种表现形式，是常用的反映财务杠杆水平的指标。

【总结】三个指标的关系。

关系公式	权益乘数 = $\dfrac{总资产}{所有者权益总额}$ = $\dfrac{负债总额+所有者权益总额}{所有者权益总额}$ = 1 + 产权比率 权益乘数 = $\dfrac{总资产}{总资产-负债总额}$ = $\dfrac{1}{\dfrac{总资产-负债总额}{总资产}}$ = $\dfrac{1}{1-资产负债率}$
变动关系	权益乘数、产权比率和资产负债率三者是同方向变动的,<u>如果一个指标达到最大,另外两个指标也达到最大</u>

【例5·多选】权益乘数为4,则( )。

A. 产权比率为5   B. 资产负债率为1/4
C. 产权比率为3   D. 资产负债率为75%

【答案】CD

【解析】权益乘数=4,假设资产=4,权益=1,则负债=4-1=3,产权比率=负债/权益=3,资产负债率=负债/资产=3/4=75%。故选项CD是正确的。

★★★考点4. 利息保障倍数

公式	利息保障倍数 = 息税前利润/应付利息 =(净利润+利润表中的利息费用+所得税)/应付利息
注意	(1)该比率<u>越高</u>,长期偿债能力<u>越强</u>。从长期看,利息保障倍数<u>至少要大于1</u>。 (2)在短期内,利息保障倍数小于1也仍然具有利息支付能力,因为计算净利润时减去的一些折旧和摊销费用并不需要支付现金

【注意】(1)分子中的"息税前利润"是指利润表中未扣除利息费用和所得税前的利润;(2)分母中的"应付利息"是指本期的全部应付利息,不仅包括费用化利息,还包括资本化利息。

【例6·计算】丁公司是一家创业板上市公司,2016年度营业收入为20 000万元,营业成本为15 000万元,财务费用为600万元(全部为利息支出),利润总额为2 000万元,净利润为1 500万元,非经营净收益为300万元。此外,资本化的利息支出为400万元。丁公司存货年初余额为1 000万元,年末余额为2 000万元,公司全年发行在外的普通股加权平均数为10 000万股,年末每股市价为4.5元。

要求:计算利息保障倍数。(2017年节选)

【答案】利息保障倍数=息税前利润/应付利息=(2 000+600)/(600+400)=2.6。

【例7·多选】下列财务指标中,可以反映长期偿债能力的有( )。(2017年)

A. 总资产周转率   B. 权益乘数
C. 产权比率   D. 资产负债率

【答案】BCD

【解析】反映长期偿债能力的指标有资产负债率、产权比率、权益乘数、利息保障倍数,总资产周转率是反映营运能力的指标,所以选项A不正确。

三、影响偿债能力的其他因素

★ 考点 1. 影响偿债能力的其他因素

（1）可动用的银行贷款指标或授信额度

（2）资产质量

（3）或有事项和承诺事项

（4）经营租赁

【例 8 · 多选】下列各项因素中，影响企业偿债能力的有（　　）。（2015 年）

A. 经营租赁　　　B. 或有事项　　　C. 资产质量　　　D. 授信额度

【答案】ABCD

【解析】影响偿债能力的因素包括：（1）可动用的银行贷款指标或授信额度；（2）资产质量；（3）或有事项和承诺事项；（4）经营租赁。所以选项 ABCD 均正确。

四、营运能力分析

★★★ 考点 1. 流动资产营运能力分析

（1）应收账款周转率

①应收账款周转次数 = 营业收入净额 ÷ 应收账款平均余额

= 营业收入净额 ÷ [（期初应收账款 + 期末应收账款）÷ 2]

②应收账款周转天数 = 计算期天数 ÷ 应收账款周转次数

【注意】（1）通常，应收账款周转率越高、周转天数越短表明应收账款管理效率越高；（2）营业收入净额是营业收入扣除销售折扣、折让等以后的金额；（3）应收账款包括会计报表中"应收账款"和"应收票据"等全部赊销账款在内；（4）应收账款应为未扣除坏账准备的金额；（5）在用应收账款周转率进行业绩评价时，最好使用多个时点的平均数。

【例 9 · 多选】下列各项中，影响应收账款周转率指标的有（　　）。（2016 年）

A. 应收账款　　　　　　　　　　　　B. 预付账款

C. 应收票据　　　　　　　　　　　　D. 销售折扣与折让

【答案】ACD

【解析】应收账款包括会计报表中"应收账款"和"应收票据"等全部赊销账款在内，因为应收票据是销售形成的应收款项的另一种形式，所以选项 AC 正确；其中营业收入净额是营业收入扣除销售折扣、折让等以后的金额，故选项 D 正确。

【例 10 · 多选】在一定时期内，应收账款周转次数多、周转天数少表明（　　）。（2013 年）

A. 收账速度快　　　　　　　　　　　B. 信用管理政策宽松

C. 应收账款流动性强　　　　　　　　D. 应收账款管理效率高

【答案】ACD

【解析】信用管理政策宽松，对于信用政策不好的企业也进行赊销，会增加应收账款，从而降低应收账款周转次数，增加周转天数。所以，选项 B 的说法错误。

（2）存货周转率

①存货周转次数＝营业成本÷存货平均余额

存货平均余额＝（期初存货＋期末存货）÷2

②存货周转天数＝计算期天数÷存货周转次数

【注意】（1）存货周转速度越快，存货占用水平越低，流动性越强，存货转化为现金或应收账款的速度就越快，这样会增强企业的短期偿债能力及盈利能力；（2）存货周转率的高低与企业的经营特点有密切联系，应注意行业的可比性；（3）该比率反映的是存货整体的周转情况，不能说明企业经营各环节的存货周转情况和管理水平；（4）应结合应收账款周转情况和信用政策进行分析。

【例11·计算】题干同【例6·计算】。

要求：计算存货周转率。（2017年节选）

【答案】存货周转率＝营业成本/存货平均余额＝15 000/［（1 000＋2 000）/2］＝10。

【例12·多选】一般而言，存货周转次数增加，其所反映的信息有（　　）。（2014年）

A.盈利能力下降　　　　　　　　B.存货周转期延长

C.存货流动性增强　　　　　　　D.资产管理效率提高

【答案】CD

【解析】存货周转次数是衡量和评价企业购入存货、投入生产、销售收回等各环节管理效率的综合性指标。一般来讲，存货周转速度越快，存货占用水平越低，流动性越强，存货转化为现金或应收账款的速度就越快，这样会增强企业的短期偿债能力及盈利能力。所以选项 CD 正确。

（3）流动资产周转率

流动资产周转次数＝营业收入÷流动资产平均余额

流动资产周转天数＝计算期天数÷流动资产周转次数

　　　　　　　　＝计算期天数×流动资产平均余额÷销售收入

式中：流动资产平均余额 ＝（期初流动资产＋期末流动资产）÷2

【提示】在一定时期内，流动资产周转次数越多，流动资产周转天数越少，表明流动资产利用效果越好。

考点2. 固定资产周转率

固定资产周转率（次数）＝营业收入÷平均固定资产

式中：平均固定资产 ＝（期初固定资产＋期末固定资产）÷2

【注意】（1）固定资产净值＝固定资产原值－累计折旧；（2）固定资产周转率高，说明企业固定资产投资得当，结构合理，利用效率高。

考点3. 总资产周转率

总资产周转率＝营业收入净额÷平均资产总额

如果企业各期资产总额比较稳定，波动不大，则：

平均资产总额＝（期初资产总额＋期末资产总额）÷2

五、盈利能力分析

★★★考点1. 盈利能力四指标（2018年变动）

营业毛利率	营业毛利率＝营业毛利÷营业收入
	营业毛利＝营业收入－营业成本
营业净利率	营业净利率＝净利润÷营业收入
总资产净利率	总资产净利率＝净利润÷平均总资产×100%
净资产收益率	净资产收益率＝净利润÷平均所有者权益×100%

【注意】（1）总资产净利率＝营业净利率×总资产周转率；（2）净资产收益率＝营业净利率×总资产周转次数×权益乘数。

【例13·计算】题干同【例6·计算】。

要求：计算营业净利率。（2017年节选）

【答案】营业净利率＝净利润/营业收入＝1 500/20 000＝7.5%。

【例14·单选】假定其他条件不变，下列各项经济业务中，会导致公司总资产净利率上升的是（　　）。（2013年）

A. 收回应收账款　　　　　　　　B. 用资本公积转增股本

C. 用银行存款购入生产设备　　　　D. 用银行存款归还银行借款

【答案】D

【解析】总资产净利率＝净利润÷平均总资产×100%，收回应收账款对总资产没有影响，对净利润也没有影响，所以选项A不正确。用资本公积转增股本，所有者权益总额不变，资产总额不变，净利润不变，所以选项B不正确。用银行存款购入生产设备，属于一种资产转化为另一种资产，资产总额和净利润不发生变化，所以选项C不正确。用银行存款归还银行借款，负债减少，总资产减少，净利润不变，导致总资产净利率上升，所以选项D正确。

六、发展能力分析

★★考点1. 发展能力五指标（2018年变动）

营业收入增长率	营业收入增长率＝本年营业收入增长额÷上年营业收入×100%
	其中：本年营业收入增长额＝本年营业收入－上年营业收入
总资产增长率	总资产增长率＝本年资产增长额÷年初资产总额×100%
	其中：本年资产增长额＝年末资产总额－年初资产总额
营业利润增长率	营业利润增长率＝本年营业利润增长额÷上年营业利润总额×100%
	其中：本年营业利润增长额＝本年营业利润－上年营业利润
资本保值增值率	资本保值增值率＝扣除客观因素影响后的期末所有者权益÷期初所有者权益×100%
	这一指标的高低，除了受企业经营成果的影响外，还受企业利润分配政策和投入资本的影响
所有者权益增长率	所有者权益增长率＝本年所有者权益增长额÷年初所有者权益×100%
	本年所有者权益增长额＝年末所有者权益－年初所有者权益

【例15·单选】某公司2012年初所有者权益为1.25亿元，2012年末所有者权益为

1.50亿元。该公司2012年的资本积累率是（　　）。(2013年)

A.16.67%　　　　B.20.00%　　　　C.25.00%　　　　D.120.00%

【答案】B

【解析】资本积累率=（1.5-1.25）/1.25=20%。

【例16·判断】（2017年教材删除了投入资本的影响）计算资本保值增值率时，期末所有者权益的计量应当考虑利润分配及投入资本的影响。（　　）(2016年)

【答案】√

【解析】该指标的高低，除了受企业经营成果的影响外，还受企业利润分配政策影响。

七、现金流量分析

考点1. 获取现金能力的分析

获取现金能力三指标。(2018年变动)

营业现金比率	营业现金比率=经营活动现金流量净额÷营业收入 【注意】该比率反映每元营业收入得到的现金流量净额，其数值越大越好。
每股营业现金净流量	每股营业现金净流量=经营活动现金流量净额÷普通股股数 【注意】该指标反映企业最大的分派股利能力，超过此限度，可能就要借款分红。
全部资产现金回收率	全部资产现金回收率=经营活动现金流量净额÷企业平均资产总额×100% 【注意】它说明企业全部资产产生现金的能力。

八、收益质量分析

★★★考点1. 净收益营运指数

$$净收益营运指数=经营净收益÷净利润$$

其中经营净收益=净利润-非经营净收益

【注意】净收益营运指数越小，非经营收益所占比重越大，收益质量越差，因为非经营收益不反映公司的核心能力及正常的收益能力，可持续性较低。

【例17·判断】净收益营运指数越大，收益质量越差。（　　）(2017年)

【答案】×

【解析】净收益营运指数越小，非经营收益所占比重越大，收益质量越差，因为非经营收益不反映公司的核心能力及正常的收益能力，可持续性较低。反之，净收益营运指数越大，收益质量越好。

【例18·计算】题干同【例6·计算】。

要求：计算净收益营运指数。(2017年节选)

【答案】净收益营运指数=经营净收益÷净利润=（1500-300）÷1500=0.8。

考点2. 现金营运指数

现金营运指数 = 经营活动现金流量净额 ÷ 经营所得现金

其中：经营所得现金 = 经营净收益 + 非付现费用

【注意】（1）理想的现金营运指数应为1；（2）小于1的现金营运指数反映了公司部分收益没有取得现金。现金营运指数越小，收益质量越差。

【总结】

偿债能力分析	短期	营运资金、流动比率、速动比率、现金比率
	长期	资产负债率、产权比率、权益乘数、利息保障倍数
营运能力分析	应收账款周转率、存货周转率、流动资产周转率、固定资产周转率、总资产周转率	
盈利能力分析	营业毛利率、营业净利率、总资产净利率、净资产收益率	
发展能力分析	营业收入增长率、总资产增长率、营业利润增长率、资本保值增值率、所有者权益增长率	
现金流量分析	获取现金能力分析	营业现金比率、每股营业现金净流量、全部资产现金回收率
	收益质量分析	净收益营运指数、现金营运指数

第三节　上市公司财务分析

一、上市公司特殊财务分析指标

考点1. 基本每股收益

$$基本每股收益 = \frac{归属于公司普通股股东的净利润}{发行在外的普通加权平均数} \times 100\%$$

★考点2. 稀释每股收益

（1）潜在普通股

潜在普通股主要包括可转换公司债券、认股权证和股份期权等。

认股权证或股份期权行权增加的普通股股数 = 行权认购的股数 × （1 - 行权价格/普通股平均市价）（2018年新增）

（2）稀释性潜在普通股

稀释性潜在普通股是指假设当期转换为普通股会减少每股收益的潜在普通股。

【注意】稀释每股收益，就是在考虑稀释性潜在普通股对每股收益稀释作用之后，所计算出的每股收益。

【例1·单选】在计算稀释每股收益时，下列各项中，不属于潜在普通股的是（　　）。（2017年）

A. 可转换公司债券　　　　　　　B. 不可转换优先股

C. 股票期权　　　　　　　　　　D. 认股权证

【答案】B

【解析】稀释性潜在普通股指假设当期转换为普通股会减少每股收益的潜在普通股。潜在普通股主要包括：可转换公司债券、认股权证和股份期权等，因此选项 B 错误。

★★ 考点3. 每股股利

公式	每股股利 = 现金股利总额 / 期末发行在外的普通股数
分析	每股股利反映的是普通股股东每持有上市公司一股普通股获取的股利大小，是投资者股票投资收益的重要来源之一 影响因素：获利能力、股利发放政策和投资机会
关系	股利发放率（股利支付率）是反映每股股利和每股收益之间关系的一个重要指标，借助于该指标，投资者可以了解一家上市公司的股利发放政策

【例2·多选】股利发放率是上市公司财务分析的重要指标，下列关于股利发放率的表述中，正确的有（　　）。（2012年）

A. 可以评价公司的股利分配政策
B. 反映每股股利与每股收益之间的关系
C. 股利发放率越高，盈利能力越强
D. 是每股股利与每股净资产之间的比率

【答案】AB

【解析】股利发放率（股利支付率）是反映每股股利和每股收益之间关系的一个重要指标，借助于该指标，投资者可以了解一家上市公司的股利发放政策。所以选项 AB 正确。

★★★ 考点4. 市盈率

公式	市盈率 = 每股市价/每股收益
指标分析	(1) 市盈率越高，意味着投资者对股票的收益预期越看好，投资价值越大 (2) 市盈率越高，也说明投资于该股票的风险也越大
影响因素	(1) 上市公司盈利能力的成长性 (2) 投资者所获报酬率的稳定性 (3) 市盈率也受到利率水平变动的影响

【注意】使用市盈率进行分析的前提是每股收益维持在一定水平之上，如果每股收益很小或接近亏损，但股票市价不会降至为零，会导致市盈率极高，但此时很高的市盈率不能说明任何问题。

【例3·计算】题干同第二节中【例6·计算】。

要求：计算市盈率。（2017年节选）

【答案】市盈率 = 每股市价/每股收益 = 4.5/（1 500/10 000）= 30（倍）。

【例4·判断】市盈率是反映股票投资价值的重要指标，该指标数值越大，表明投资者越看好该股票的投资预期。（　　）（2014年）

【答案】√

【解析】市盈率是股票市场上反映股票投资价值的重要指标，该比率的高低反映了市场上投资者对股票投资收益和投资风险的预期。

考点 5. 每股净资产(2018 年变动、新增)

每股净资产 = 期末普通股净资产 ÷ 期末发行在外的普通股净资产

期末普通股净资产 = 期末股东权益 − 期末优先股股东权益

考点 6. 市净率

$$市净率 = \frac{每股市价}{每股净资产}$$

二、管理层讨论与分析

★ 考点 1. 管理层讨论与分析含义与内容

含义	(1) 管理层讨论与分析是上市公司定期报告的重要组成部分。其信息披露在上市公司中期报告中在"管理层讨论与分析"部分出现，在年报中则在"董事会报告"部分中出现 (2) 西方国家的披露原则是<u>强制与自愿相结合</u>，企业可以自主决定如何披露这类信息。我国也基本实行这种原则
内容	上市公司"管理层讨论与分析"主要包括两部分： (1) 报告期间经营业绩变动的解释 (2) 企业未来发展的前瞻性信息

【例5•单选】我国上市公司"管理层讨论与分析"信息披露遵循的原则是(   )。(2012年)

A. 资源原则　　　　　　　　　　B. 强制原则

C. 不定期披露原则　　　　　　　D. 强制与自愿相结合原则

【答案】D

【解析】管理层讨论与分析信息大多涉及"内部性"较强的定性型软信息，无法对其进行详细的强制规定和有效监控，因此，西方国家的披露原则是强制与自愿相结合，企业可以自主决定如何披露这类信息。我国也基本实行这种原则。所以，选项D正确。

第四节　财务评价与考核

一、企业综合绩效分析的方法

★★★ 考点 1. 杜邦分析法(2018 年变动)

(1) 杜邦财务分析体系的构建

净资产收益率 = 净利润/平均净资产

　　　　　　 = (净利润/平均资产总额) × (平均资产总额/平均净资产)

　　　　　　 = 总资产净利率 × 权益乘数

　　　　　　 = (净利润/营业收入) × (营业收入/平均资产总额) × (平均资产总额/平均净资产)

　　　　　　 = 营业净利率 × 总资产周转率 × 权益乘数

(2) 杜邦财务分析体系的应用

①净资产收益率是一个综合性最强的财务分析指标,是杜邦分析体系的起点。

②营业净利率反映企业净利润与营业收入的关系,其高低取决于销售收入与成本总额。

③资产总额由流动资产与长期资产组成,其结构合理与否影响资产的周转速度。

④权益乘数受资产负债率的影响,反映资本结构。

【例1·综合】戊公司是一家上市公司,为了综合分析上年度的经营业绩,确定股利分配方案,公司董事会召开专门会议进行讨论。公司相关资料如下:

资料一:戊公司资产负债表简表如表1所示。

表1 戊公司资产负债表简表(2012年12月31日) 单位:万元

资产	年末金额	负债和股东权益	年末金额
货币资金	4 000	流动负债合计	20 000
应收账款	12 000	非流动负债合计	40 000
存货	14 000	负债合计	60 000
流动资产合计	30 000	股东权益合计	40 000
非流动资产合计	70 000		
资产合计	100 000	负债和股东权益合计	100 000

资料二:戊公司及行业标杆企业部分财务指标如表2所示(财务指标的计算如需年初、年末平均数时均使用年末数代替)。

表2 戊公司及行业标杆企业部分财务指标(2012年)

项目	戊公司	行业标杆企业
流动比率	(A)	2
速动比率	(B)	1
资产负债率	*	50%
销售净利率	*	(F)
总资产周转率(次)	*	1.3
总资产净利率	(C)	13%
权益乘数	(D)	(G)
净资产收益率	(E)	(H)

注:表中"*"表示省略的数据。

资料三:戊公司2012年销售收入为146 977万元,净利润为9 480万元。2013年投资计划需要资金15 600万元。公司的目标资产负债率为60%,公司一直采用剩余股利政策。

要求:

(1) 确定表5中英文字母代表的数值(不需要列示计算过程)。

(2) 计算戊公司2012年净资产收益率与行业标杆企业的差异,并使用因素分析法依次测算总资产净利率和权益乘数变动对净资产收益率差异的影响。(2013年节选)

【答案】(1)

项目	戊公司	行业标杆企业
流动比率	(A=1.5)	2
速动比率	(B=0.8)	1
资产负债率	*	50%
销售净利率	*	(F=10%)
总资产周转率（次）	*	1.3
总资产净利率	(C=9.48%)	13%
权益乘数	(D=2.5)	(G=2)
净资产收益率	(E=23.7%)	(H=26%)

A＝30 000÷20 000＝1.5
B＝(4 000＋12 000)÷20 000＝0.8
C＝9 480÷100 000×100%＝9.48%
D＝100 000÷40 000＝2.5
E＝9 480÷40 000＝23.7%
F＝总资产净利率÷总资产周转率＝13%÷1.3＝10%
G＝1÷(1－资产负债率)＝1÷(1－50%)＝2
H＝总资产净利率×权益乘数＝13%×2＝26%

(2) 戊公司2012年净资产收益率与行业标杆企业的差异＝23.7%－26%＝－2.3%
总资产净利率变动对净资产收益率的影响＝(9.48%－13%)×2＝－7.04%
权益乘数变动对净资产收益率的影响＝9.48%×(2.5－2)＝4.74%

二、沃尔评分法

考点1. 传统的沃尔评分法

选择七种财务比率，分别给定了其在总评价中所占的比重，总和为100分。然后，确定标准比率，并与实际比率相比较，评出每项指标的得分，求出总评分。

$$指标评分 = 标准分值 \times (实际比率 \div 标准比率)$$

【注意】(1) 未能证明为什么要选择这七个指标，而不是更多些或更少些，或者选择别的财务比率。
(2) 未能证明每个指标所占比重的合理性。
(3) 当某一个指标严重异常时，会对综合指数产生不合逻辑的重大影响。

考点2. 现代沃尔评分法

指标	企业财务评价的内容首先是盈利能力，其次是偿债能力，再次是成长能力，它们之间大致可按5：3：2的比重来分配
特点	标准比率以本行业平均数为基础，在给每个指标评分时，应规定其上限和下限，以减少个别指标异常对总分造成不合理的影响

三、综合绩效评价的内容

考点1. 综合绩效评价的内容

评价内容	财务绩效		管理绩效
	基本指标	修正指标	评议指标
盈利能力状况	净资产收益率 总资产报酬率	营业利润率 利润现金保障倍数 成本费用利润率 资本收益率	战略管理 发展创新 经营决策 风险控制 基础管理 人力资源 行业影响 社会贡献
资产质量状况	总资产周转率 应收账款周转率	不良资产比率 流动资产周转率 资产现金回收率	
债务风险状况	资产负债率 已获利息倍数	速动比率 现金流动负债比率 带息负债比率 或有负债比率	
经营增长状况	营业增长率 资本保值增值率	营业利润增长率 总资产增长率 技术投入比率	

检测4-2

第二模块　考霸手稿

一、单项选择题

1. 下列各项销售预测分析方法中，属于<mark>定性分析法</mark>的是（ B ）。
   A. 指数平滑法 ← 定量分析法
   B. <mark>营销员判断法</mark>
   C. 加权平均法
   D. 因果预测分析法

   定性分析法包括：营销员判断法、专家判断法和产品寿命周期分析法

2. 企业生产X产品，工时标准为2小时/件，变动制造费用标准分配率为24元/小时，当期实际产量为600件。实际变动制造费用为32 400元。实际工时为1 296小时。则在标准成本法下，当期变动制造费用<mark>效率差异</mark>为（ D ）元。
   A. 2 400
   B. 1 200
   C. 1 296
   D. <mark>2 304</mark>

   "效率"两字证明是时间问题，跟费用金额无关
   （实际工时－实际产量下标准工时）×变动制造费用标准分配率
   =（1 296－600×2）×24=2 304（元）

3. 和普通合伙制企业相比，下列各项中，属于<mark>公司制</mark>企业特点的是（ D ）。
   A. 组建成本低
   B. 设立时股东人数不受限制
   C. 有限存续期
   D. <mark>有限债务责任</mark>

   特点：组建成本高、无限存续、有限债务责任

4. 公司2012—2016年度销售收入和资金占用的历史数据（单位：万元）分别为(800, 18)，(760, 19)，(900, 20)，(1 000, 22)，(1 100, 21)。运用<mark>高低点法</mark>分离资金占用中的不变资金与变动资金时，应采用的两组数据是（ C ）。
   A. (760, 19)和(1 000, 22)
   B. (800, 18)和(1 100, 21) ← *指业务量最高点和业务量最低点*
   C. <mark>(760, 19)和(1 100, 21)</mark>
   D. (800, 18)和(1 000, 22) ← *资金占用量最高点和最低点*

   无论业务量和资金占用量均不是最高和最低，可直接排除

5. 下列各项中，属于资金使用费的是（ A ）。
   A. 债券利息费
   B. 借款手续费
   C. 借款公证费
   D. 债券发行费

6. 下列各项中，不属于业务预算的是（ A ）。
   A. 现金预算
   B. 销售预算
   C. 销售费用预算
   D. 直接材料预算

7. 根据作业成本管理原理，某制造企业的下列作业中，属于增值作业的是（ D ）。
   A. 产品运输作业
   B. 次品返工作业
   C. 产品检验作业
   D. 零件组装作业

8. 某企业生产单一产品，销售收入为100万元，变动成本总额为60万元，固定成本总额为16万元，则该产品的边际贡献率为（ D ）。
   A. 76%
   B. 60%
   C. 24%
   D. 40%

9. 在应收账款保理业务中，保理商和供应商将应收账款额转让的情况通知购货商，并签订三方合同，同时，供应商向保理商融通资金后，如采购货商拒绝付款，保理商有权向供应商要求偿还所融通的资金，则这种保理是（ A ）。
   A. 明保理，且是有追索权的保理
   B. 暗保理，且是无追索权的保理
   C. 明保理，且是无追索权的保理
   D. 暗保理，且是有追索权的保理

10. 某企业获100万元的周转信贷额度，约定年利率为10%，承诺费率为0.5%，年度内企业实际动用贷款60万元，使用了12个月，则该笔业务在当年实际的借款成本为（ C ）万元。

   A. 10
   B. 10.2
   C. 6.2
   D. 6

借款成本=利息费用+承诺费
　　　=60×10%+（100－60）×0.5%
　　　=6.2（万元）

11. 企业将资金投放于应收账款而放弃其他投资项目，就会丧失这些投资项目可能带来的收益，则该收益是（ B ）。

   A. 应收账款的管理成本 ← 进行应收账管理时增加的费用
   B. 应收账款的机会成本
   C. 应收账款的坏账成本 ← 债务人无力偿还债务使债权人发生的损失
   D. 应收账款的短缺成本

12. 下列筹资方式中，属于间接筹资的是（ A ）。

   A. 银行借款 ← 由"间接"二字可知选A
   B. 发行债券
   C. 发行股票 ← 直接筹资
   D. 合资经营 ← 吸收直接投资

13. 某公司全年需要零配件72 000件，假设一年按360天计算，按经济订货基本模型计算的最佳订货量为9 000件，订货日至到货日的时间为3天，公司确定的保险储备为1 000件，则再订货点为（ A ）件。

   A. 1 600
   B. 4 000
   C. 600
   D. 1 075

再订货点=预计交货期内的需求+保险储备
　　　=72 000÷360×3+1 000
　　　=1 600（件）

14. 某投资项目各年现金净流量按13%折现时，净现值大于零；按15%折现时，净现值小于零。则该项目的内含报酬率一定是（ D ）。

   A. 大于14%
   B. 小于14%
   C. 小于13%
   D. 小于15%

①内含报酬率是净现值为0的折现率
②由题可知折现率在13%~15%之间
③只有D是一定符合要求

15. 某利润中心本期销售收入为7 000万元，变动成本总额为3 800万元，中心负责人可控的固定成本为1 300万元，其不可控但由该中心负担的固定成本为600万元，则该中心的可控边际贡献为（ A ）万元。
    A. 1 900
    B. 3 200
    C. 5 100
    D. 1 300

    由"可控"二字可知无需用到"不可控"数据

    可控边际贡献=销售收入－变动成本－该中心负责人可控固定成本
    =7 000－3 800－1 300
    =1 900（元）

16. 下列各项指标中，能直接体现企业经营风险程度的是（ A ）。
    A. 安全边际率
    B. 边际贡献率
    C. 净资产收益率
    D. 变动成本率

    这个指标评价企业经营是否安全。从"安全"二字也可推断是与风险程度有关

17. 下列各项中，不属于零基预算法优点的是（ D ）。
    A. 不受现有费用项目的限制
    B. 有利于促使预算单位合理利用资金
    C. 不受现有预算的约束
    D. 编制预算的工作量小

    "零基础"工作量肯定大

18. 下列各项措施中，无助于企业应对通货膨胀的是（ D ）。
    A. 发行固定利率债券
    B. 以固定租金融资租入设备
    C. 签订固定价格长期购货合同
    D. 签订固定价格长期销货合同

    ①C、D两项内容一个购货、一个销货，必有一个为答案
    ②长期购货合同有助于对通货膨胀

19. 当公司宣布高股利政策后，投资者认为公司有充足的财务实力和良好的发展前景，从而使股价产生正向反映。持有这种观点的股利理论是（ B ）。
    A. 所得税差异理论
    B. 信号传递理论
    C. 代理理论
    D. "手中鸟"理论

    高股利政策向投资者传递有关公司未来获利能力的信息，可知为信号传递理论

20. 下列财务比率中，属于效率比率的是（ B ）。
   A. 速动比率
   B. 成本利润率
   C. 资产负债率
   D. 资本保值增值率

   效率比率是所费与所得的比率，反映投入与产出的关系

21. 某投资项目某年的营业收入为600 000元，付现成本为400 000元，折旧额为100 000元，所得税税率为25%，则该年营业现金净流量为（ B ）元。
   A. 250 000
   B. 175 000
   C. 75 000
   D. 100 000

   营业现金净流量=税后利润+非付现成本
   =（600 000－400 000－100 000）×25%+100 000
   =175 000

22. 在计算稀释每股收益时，下列各项中，不属于潜在普通股的是（ B ）。
   A. 可转换公司债券
   B. 不可转换优先股
   C. 股票期权
   D. 认股权证

   送分题，从"不可转换"可知B选项为答案

23. 集权型财务管理体制可能导致的问题是（ B ）。
   A. 利润分配无序 ← 有序
   B. 削弱所属单位主动性
   C. 资金成本增大 ← 减少
   D. 资金管理分散 → 集中

   集权过度导致所属单位缺乏主动性，丧失活力

24. 与发行债务筹资相比，发行普通股股票筹资的优点是（ D ）。
   A. 可以稳定公司的控制权 ← 分散
   B. 可以降低资本成本 ← 股票资本成本高于债务筹资
   C. 可以利用财务杠杆
   D. 可以形成稳定的资本基础

   股权资本无需偿还，是公司永久资本
   → *不存在利息支出，不存在财务杠杆*

[175]

25. 企业因发放现金股利的需要而进行筹资的动机属于（ B ）。
    A. 扩张性筹资动机 ← 为扩大规模
    B. 支付性筹资动机 ← 为满足经营业务活动
    C. 创立性筹资动机 ← 为取得资本金
    D. 调整性筹资动机 ← 为调整资本结构

二、多项选择题

1. 下列各项中，影响财务杠杆系数的有（ ACD ）。
    A. 息税前利润
    B. 普通股股利
    C. 优先股股息
    D. 借款利息

    财务杠杆系数=息税前利润/[息税前利润－利息费用－优先股/（1－所得税税率）]

2. 采用净现值法评价投资项目可行性时，贴现率选择的依据通常有（ ABC ）。
    A. 市场利率
    B. 期望最低投资报酬率
    C. 企业平均资本成本率
    D. 投资项目的内含报酬率

    贴现率常用该三项作为参考标准

3. 运用年金成本法对设备重置方案进行决策时，应考虑的现金流量有（ ABD ）。
    A. 旧设备年营运成本
    B. 旧设备残值变价收入
    C. 旧设备的初始购置成本
    D. 旧设备目前的变现价值

    重置方案只需考虑设备目前状况

4. 下列各项中，能够成为预计资产负债表中存货项目金额来源的有（ CD ）。
    A. 销售费用预算 ← 入销售费用
    B. 直接人工预算 ← 入管理费用或制造费用
    C. 直接材料预算
    D. 产品成本预算

    存货包括：材料、库存商品、产成品、在产品、包装物等

5. 股票上市对公司可能的不利影响有（AD）。
   A. 商业机密容易泄露
   B. 公司价值不易确定 ← 容易确定
   C. 资本结构容易恶化
   D. 信息披露成本较高

   信息公开成本高且可能暴露商业机密

6. 下列各项中，属于变动成本的有（BCD）。
   A. 新产品的研究开发费用 ← 固定成本
   B. 按产量法计提的固定资产折旧
   C. 按销售收入一定百分比支付的技术转让费
   D. 随产品销售的包装物成本

   随业务量变动而变动

7. 下列各项中，属于速动资产的有（AC）。
   A. 货币资金
   B. 预收账款 ← 负债
   C. 应收账款
   D. 存货

   指能快速变现的资产，包括：货币资金、交易性金融资产、应收账款

8. 对公司而言，发放股票股利的优点有（ACD）。
   A. 减轻公司现金支付压力
   B. 使股权更为集中 ← 更分散
   C. 可以向市场传递公司未来发展前景良好的信息
   D. 有利于股票交易和流通

   ①无需支付现金，所以减轻压力
   ②可降低股票市场价格，促进股票交易和流通

9. 与股权筹资方式相比，下列各项中，属于债务筹资方式优点的有（AD）。
   A. 资本成本低
   B. 筹资规模大
   C. 财务风险较低
   D. 筹资弹性较大

   ①债务筹资资本成本小于股权筹资
   ②可根据需求借多借少，弹性较大
   ③需定期还本，财务风险大
   ④受债款机构实力影响，筹资数额有限

10. 如果采用加权平均法计算综合保本点，下列各项中，将会影响综合保本点大小的有（ABCD）。
A. 固定成本总额
B. 销售结构
C. 单价
D. 单位变动成本

综合保本点销售额=固定成本总额/加权平均边际贡献率
A、B、C、D都会影响加权平均边际贡献率

三、判断题

1. 相关者利益最大化作为财务管理目标，体现了合作共赢的价值理念。（√）
体现相关者利益，与共赢相符

2. 假设其他条件不变，市场利率变动，债券价格反方向变动，即市场利率上升债券价格下降。（√）

3. 净收益营运指数越大，收益质量越差。（×）
净收益营运指数越大，经营收益占比越大，收益质量越好

4. 企业对成本中心进行业绩考核时，应要求成本中心对其所发生或负担的全部成本负责。（×）
成本中心只对可控成本负责，对不可控成本不负责

5. 由于信息不对称和预期差异，投资者会把股票回购当做公司认为其股票价格被高估的信号。（×）
"回购"则表示股票价格被低估

6. 应付账款是供应商给企业的一种商业信用，采用这种融资方式是没有成本的。（×）任何融资都是有成本的

7. 根据"无利不分"原则，当企业出现年度亏损时，一般不进行利润分配。（√）
无利

8. 使企业税后利润最大的资本结构是最佳资本结构。（×）
平均资本成本率最低时，才是最佳资本结构

9. 企业吸收直接投资有时能够直接获得所需的设备和技术，及时形成生产能力。（√）

10. 变动成本总额在特定的业务量范围内随着业务量的变化而成正比例变化。（✓）

四、计算分析题

1. 资产组合M的期望收益率为18%，标准离差为27.9%；资产组合N的期望收益率为13%，标准差率为1.2。投资者张某和赵某决定将其个人资产投资于资产组合M和N中，张某期望的最低收益率为16%，赵某投资于资产组合M和N的资金比例分别为30%和70%。

要求：
（1）计算资产组合M的标准差率。
（2）判断资产组合M和N哪个风险更大。
（3）为实现期望的收益率，张某应在资产组合M上投资的最低比例是多少？
（4）判断投资者张某和赵某谁更厌恶风险，并说明理由。

---

(1) 组合M的标准差率=标准离差/期望收益率=27.9%÷18%=1.55
(2) 资产组合M的标准差率=1.55>资产组合N的标准差率1.2
    所以资产组合M的风险更大
(3) 设张某应在资产组合M上投资的最低比例为X
    则18%X+13%（1-X）=16% ⟹ 解得X=60%
    所以为实现期望的收益率，张某应在资产组合M上投资的最低比例为60%
(4) 张某在资产组合M上的投资最低比例是60%，在资产组合N上的投资最高比例是40%
    赵某投资于资产组合M和N的资金比例分别为30%和70%
    资产组合M的风险>资产组合N的风险
    赵某投资资产组合M的比例<张某投资资产组合M的比例
    ⟹ 赵某更厌恶风险

2. 甲公司编制销售预算的相关资料如下：

资料一：甲公司预计每季度销售收入中，有70%在本季度收到现金，30%于下一季度收到现金，不存在坏账。2016年末应收账款余额为6 000万元。假设不考虑增值税及其影响。

资料二：甲公司2017年的销售预算如下表所示。

甲公司2017年销售预算　　　　　　金额单位：万元

季度	一	二	三	四	全年
预计销售量（万件）	500	600	650	700	2 450
预计单价（元/件）	30	30	30	30	30
预计销售收入	15 000	18 000	19 500	21 000	73 500
预计现金收入					
上年应收账款	*				*
第一季度	*	*			*
第二季度		(B)	*		*
第三季度			*	(D)	*
第四季度				*	*
预计现金收入合计	(A)	17 100	(C)	205 250	*

注：表内的"*"为省略的数值。

要求：

（1）确定表格中字母所代表的数值（不需要列式计算过程）。

（2）计算2017年末预计应收账款余额。

（1）公式：预计现金收入=70%本季预计销售收入+30%上季预计销售收入

A=15 000×70%+6 000=16 500（万元）

B=18 000×70%=12 600（万元）

C=19 500×70%+18 000×30%=19 050（万元）

D=19 500×30%=5 850（万元）

（2）由于30%于下一季度收到现金，所以2017年末预计应收账款余额就是第四季度预计销售收入的30%，则：2017年末预计应收账款余额=21 000×30%=6 300（万元）

3. 乙公司是一家服装企业，只生产销售某种品牌的西服。2016年度固定成本总额为20 000万元。单位变动成本为0.4万元。单位售价为0.8万元，销售量为10 000套，乙公司2016年度发生的利息费用为4 000万元。

要求：

（1）计算2016年度的息税前利润。

（2）以2016年为基数，计算下列指标：①经营杠杆系数；②财务杠杆系数；③总杠杆系数。

(1) 2016年度息税前利润=边际贡献－固定经营成本=100 000×（0.8－0.4）－20 000
　　　　　　　　　　　　　　　　　　　　　　　　=20 000（万元）

(2) ①经营杠杆系数=边际贡献/息税前利润=100 000×（0.8－0.4）÷20 000=2
　　② 财务杠杆系数=息税前利润/（息税前利润－利息）=20 000÷（20 000－4 000）=1.25
　　③ 总杠杆系数=经营杠杆系数×财务杠杆系数=2×1.25=2.5

4. 丙公司是一家设备制造企业，每年需要外购某材料108 000千克，现有S和T两家符合要求的材料供应企业，它们所提供的材料质量和价格都相同。公司计划从两家企业中选择一家作为供应商。相关数据如下：

（1）从S企业购买该材料，一次性入库。每次订货费用为5 000元，年单位材料变动储存成本为30元/千克。假设不存在缺货。

（2）从T企业购买该材料，每次订货费用为6 050元，年单位材料变动储存成本为30元/千克。材料陆续到货并使用，每日送货量为400千克，每日耗用量为300千克。

要求：

（1）利用经济订货基本模型，计算从S企业购买材料的经济订货批量和相关存货总成本。

（2）利用经济订货扩展模型，计算从T企业购买材料的经济订货批量和相关存货总成本。

（3）基于成本最优原则，判断丙公司应该选择哪家企业作为供应商。

(1) S企业经济订货批量 $EOQ = \sqrt{\dfrac{2DK}{K_c}} = \sqrt{\dfrac{2\times 108\,000\times 5\,000}{30}} = 6\,000$（千克）

S企业相关存货总成本 $TC(EOQ) = \sqrt{2DKK_c} = \sqrt{2\times 108\,000\times 5\,000\times 30} = 180\,000$（元）

(2) 从T企业购买材料

经济订货批量 $EOQ = \sqrt{\dfrac{2KD}{K_c}\times \dfrac{P}{P-d}} = \sqrt{\dfrac{2\times 108\,000\times 6\,050}{30}\times \dfrac{400}{400-300}} = 13\,200$（千克）

相关存货总成本 $TC(EOQ) = \sqrt{2KDK_c \times \left(1-\dfrac{d}{P}\right)} = \sqrt{2\times 108\,000\times 6\,050\times 30\times \left(1-\dfrac{300}{400}\right)}$
$= 99\,000$（元）

(3) 从T企业购买的相关总成本＜从S企业购买的相关总成本，所以应该选择T企业作为供应商。

五、综合题

1. 丁公司是一家处于初创阶段的电子产品生产企业，相关资料如下：

资料一：2016年开始生产和销售P产品，售价为0.9万元/件，全年生产20 000件，产销平衡。丁公司适用的所得税税率为25%。

资料二：2016年财务报表部分数据如下表所示。

2016年财务报表部分数据　　　　　　　　　　　单位：万元

流动资产合计	27 500	负债合计	35 000
非流动资产合计	32 500	所有者权益合计	25 000
资产总计	60 000	负债与所有者权益总计	60 000

利润表项目（年度数）

营业收入	18 000	利润总额	3 000
营业成本	11 000	所得税	750
期间费用	4 000	净利润	2 250

资料三：所在行业的相关财务指标平均水平：总资产净利率为4%，总资产周转次数为0.5次（真题中总资产周转次数为1.5，错误），营业净利率为8%，权益乘数为2。

资料四：公司2016年营业成本中固定成本为4 000万元，变动成本为7 000万元，期间费用中固定成本为2 000万元，变动成本为1 000万元。利息费用为1 000万元，假设2017年成本性态不变。

资料五：公司2017年目标净利润为2 640万元，预计利息费用为1 200万元。

要求：

（1）根据资料二，计算下列指标（计算中需要使用期初与期末平均数的，以期末数替代）：①总资产净利率；②权益乘数；③营业净利率；④总资产周转率。

（2）根据要求（1）的计算结果和资料三，完成下列要求：①依据所在行业平均水平对丁公司偿债能力和营运能力进行评价；②说明丁公司总资产净利率与行业平均水平差异形成的原因。

（3）根据资料一、资料四和资料五，计算2017年的下列指标：①单位变动成本；②保本点销售量；③实现目标净利润的销售量；④实现目标净利润时的安全边际量。

(1) ①总资产净利率=净利润/平均总资产=2 250÷60 000=3.75%
　　②权益乘数=总资产/所有者权益=60 000÷25 000=2.4
　　③营业净利率=净利润/营业收入=2 250÷18 000=12.5%
　　④总资产周转率=营业收入/平均总资产=18 000÷60 000=0.3

(2) ①丁公司权益乘数2.4>行业平均水平2，说明丁公司负债较多，偿债风险大，偿债能力相对较弱

　　丁公司总资产周转率0.3<行业平均水平0.5，说明营运能力差

　　②总资产净利率=营业净利率×总资产周转率

　　行业总资产净利率=8%×0.5=4%

　　丁公司总资产净利率=12.5%×0.3=3.75%

　　丁公司营业净利率12.5%>行业营业净利率8%，但总资产净利率却小于行业平均水平，所以丁公司总资产净利率低于行业平均水平的主要原因是总资产周转率太低

(3) ①单位变动成本=变动成本/生产数量=(7 000+1 000)÷20 000=0.4（元/件）

　　②保本点销售量=固定成本/单位边际贡献=(4 000+2 000)÷(0.9-0.4)=12 000（件）

　　③设实现目标净利润的销售量为X，则

　　[(0.9-0.4)X-4 000-2 000-1 200]×(1-25%)=2 640

　　解得X=21 440（件）

　　所以实现目标净利润的销售量为21 440件

　　④实现目标净利润的安全边际量=实际销售量-保本点销售量

　　　　　　　　　　　　　　=21 440-12 000

　　　　　　　　　　　　　　=9 440（件）

2.戊化工公司拟进行一项固定资产投资，以扩充生产能力。现有X，Y，Z三个方案备选。相关资料如下：

资料一：戊公司现有长期资本10 000万元，其中，普通股股本为5 500万元，长期借款为4 000万元，留存收益为500万元，长期借款利率为8%。该公司股票的系统风险是整个股票市场风险的2倍。目前整个股票市场平均收益率为8%，无风险收益率为5%。假设该投资项目的风险与公司整体风险一致。该投资项目的筹资结构与公司资本结构相同。新增债务利率不变。

资料二：X方案需要投资固定资产500万元，不需要安装就可以使用，预计使用寿命为10年，期满无残值，采用直线法计算折旧，该项目投产后预计会使公司的存货和应收账款共增加20万元，应付账款增加5万元。假设不会增加其他流动资产和流动负债。在项目运营的10年中，预计每年为公司增加税前利润80万元。X方案的现金流量如表1所示。

表1　　　　　　　　　　X方案的现金流量计算表　　　　　　　单位：万元

年份	0	1—9	10
一、投资期现金流量			
固定资产投资	(A)		
营运资金垫支	(B)		
投资期现金净流量	*		
二、营业期现金流量			
销售收入		*	*
付现成本		*	*
折旧		(C)	*
税前利润		80	*
所得税		*	*
净利润		(D)	*
营业期现金净流量		(E)	(F)
三、终结期现金流量			
固定资产净残值			*
回收营运资金			(G)
终结期现金净流量			*
四、年现金净流量合计	*	*	(H)

注：表内的"*"为省略的数值。

资料三：Y方案需要投资固定资产300万元，不需要安装就可以使用，预计使用寿命为8年。期满无残值，预计每年营业现金净流量为50万元。经测算，当折现率为6%时，该方案的净现值为10.49万元，当折现率为8%时，该方案的净现值为-12.67万元。

资料四：Z方案与X方案、Y方案的相关指标如表2所示。

表2　　　　　　　　　　　备选方案的相关指标

方案	X方案	Y方案	Z方案
原始投资额现值（万元）	*	300	420
期限（年）	10	8	8
净现值（万元）	197.27	*	180.50
现值指数	1.38	0.92	(J)
内含报酬率	17.06%	*	*
年金净流量（万元）	(I)	*	32.61

注：表内的"*"为省略的数值。

资料五：公司使用的所得税税率为25%，相关货币时间价值系数如表3所示。

表3　　　　　　　相关货币时间价值系数表

期数（n）	8	9	10
(P/F, i, n)	0.5019	0.4604	0.4224
(P/A, i, n)	5.5348	5.9952	6.4170

注：i为项目的必要报酬率。

要求：

（1）根据资料一，利用资本资产定价模型计算戊公司普通股资本成本。

（2）根据资料一和资料五，计算戊公司的加权平均资本成本。

（3）根据资料二和资料五，确定表1中字母所代表的数值（不需要列示计算过程）。

（4）根据以上计算的结果和资料三，完成下列要求：①计算Y方案的静态投资回收期和内含报酬率；②判断Y方案是否可行，并说明理由。

（5）根据资料四和资料五，确定表2中字母所代表的数值（不需要列示计算过程）。

（6）判断戊公司应当选择哪个投资方案，并说明理由。

---

(1) $R = R_f + \beta(R_m - R_f) = 5\% + 2 \times (8\% - 5\%) = 11\%$
则戊公司普通股资本成本为11%。

(2) 戊公司加权平均资本成本 $= 11\% \times (500 + 5\,500)/10\,000 + 8\% \times (1 - 25\%) \times 4\,000/10\,000 = 9\%$

(3) A = -500；B = 5 - 20 = -15；C = 500/10 = 50；D = 80 × (1 - 25%) = 60
营业现金净流量E = 净利润 + 非付现成本 = 60 + 50 = 110
F = 110；G = 15；H = F + G = 110 + 15 = 125

(4)①静态投资回收期 = $\dfrac{\text{原始投资额}}{\text{每年现金净流量}}$ = 300÷50 = 6（年）

设内含报酬率为X，因为内含报酬率是净现值为0时的折现率

根据插值法：(X−6%) ÷ (8%−6%) = (0−10.49) ÷ (−12.67−10.49)

解得 X = 6.91%

所以Y方案的内含报酬率为6.91%

②Y方案的内含报酬率6.91% < 戊公司加权平均资本成本9%，故Y方案不可行

(5) 年金净流量I = 现金净流量总现值/年金现值系数

= 197.27 ÷ (P/A, 9%, 10)

= 30.74（万元）

现值指数I = 未来现金净流量现值/原始投资额现值

= (180.50+420) ÷ 420

= 1.43

(6) Y方案不可行，Z投资方案的年金净流量 > X方案的年金净流量

所以戊公司应选择Z投资方案

第三模块　应试技巧

在中级会计考试中，除了常规的单选题、多选题、判断题之外，中级会计实务有计算题和综合题、经济法有简答题和综合题、财务管理有计算分析和综合题，难度比较大。在做题的时候，除了需要有过硬的知识和清晰的思路外，还需要讲究一些技巧和方法。

1. 单项选择题/多项选择题

单选题比较简单，多选题的难度在于要全部选正确才得分，漏选也不得分，所以对考生在知识掌握上的要求是比较全面的。对于一些难度大、经多次思考后仍不确定选项的题目，建议按照第一直觉去判断，大胆选答。另外，需要注意题目中问的是"正确"还是"不正确"的选项，建议平时练习做题时形成一个固定的习惯（例如无论题目怎么问，选项中表述正确的都打勾，错误的都打叉，回头再来看题目问的是"正确"还是"不正确"的选项）。

除此之外，在做单选/多选的时候，要活用排除法、比较法等方法进行选择，实在不能判断的话，还需要从出题者的角度去分析选项的设置，甚至可以从其他题目中尝试找到相关信息。

2. 判断题

判断题是不答不得分，答错倒扣分。所以对于有把握的题目要毫不犹豫地作答，但是对于把握不大的题目，建议宁可放弃也不要作答，以免造成倒扣分的情况。

3. 计算题/简答题

对于计算题与简答题（经济法），考生只需要直接列出关键的计算式和结果、会计分录，或写出法律条文即可，整体作答的篇幅比较简短。关键是对于题目中所问的属于哪个考点、使用什么公式或法律条文，需要在脑海中快速定位。

4. 综合分析题

综合分析题无非就是计算题或简答题的升级，在篇幅上更大，考核的知识点更广泛。考生应该在列出关键的计算式和结果、会计分录，或写出法律条文之外，再适当配以简短的结论性话语。

总而言之，考试需要"实力70% + 技巧20% + 运气10%"。希望各位考生顺利通过考试！

第四模块　模拟试卷

2018年度全国会计专业技术资格考试模拟试卷
《财务管理》

一、单项选择题（本类题共25小题，每小题1分，共25分。每小题只有一个正确答案，请从每小题的备选答案中选出一个你认为最正确的答案，多选、错选、不选均不得分）

1. 下列有关股东财富最大化的说法中，正确的是（　　）。
   A. 不易量化，不便于考核和奖惩　　　　B. 强调更多的是股东利益
   C. 没有考虑风险　　　　　　　　　　　D. 容易使企业产生短期行为

2. U型组织是以职能化管理为核心的一种最基本的企业组织结构，其典型特征是（　　）。
   A. 分权控制　　B. 分层控制　　C. 集权控制　　D. 多元控制

3. 金融工具的特征一般不包括（　　）。
   A. 流动性　　B. 随机性　　C. 风险性　　D. 收益性

4. 有一项年金，前3年无流入，后5年每年年初流入2 000万元，已知（P/A，10%，5）=3.7908，（P/F，10%，2）=0.8264，（P/F，10%，3）=0.7513，假设年利率为10%，其现值为（　　）万元。
   A. 5 425.31　　B. 6 265.43　　C. 3 790.81　　D. 2 848.03

5. 有一项1 000万元的借款，借款期为2年，年利率为12%，若每季度复利一次，则年实际利率为（　　）。
   A. 5%　　B. 20%　　C. 12.55%　　D. 9.75%

6. 下列有关证券投资的各种风险中，不会影响β系数的是（　　）。
   A. 价格风险　　B. 购买力风险　　C. 再投资风险　　D. 变现风险

7. 某企业预计前两个季度的销量为500件和600件，期末产成品存货数量一般按下季度销量的15%安排，则第一季度的预算产量为（　　）件。
   A. 515　　B. 540　　C. 490　　D. 500

8. 下列关于财务预算的表述中，不正确的是（　　）。
   A. 财务预算是全面预算体系的最后环节
   B. 财务预算又被称作总预算
   C. 财务预算多为长期预算
   D. 财务预算主要包括现金预算和预计财务报表

9. 某企业发行了期限为10年的长期债券50 000万元，年利率为8%，每年年末付息一次，到期一次还本，债券发行费率为1.5%，企业所得税税率为25%，该债券的资本

成本率为（　　）。

　　A.6%　　　　　B.6.09%　　　　　C.8%　　　　　D.8.12%

10. 与股票筹资相比，下列各项中，属于债务筹资缺点的是（　　）。

　　A.筹资弹性较小　　　　　　　　B.稀释股东控制权

　　C.资本成本较高　　　　　　　　D.筹资数额有限

11. 下列指标中，没有考虑资金时间价值的是（　　）。

　　A.动态回收期　　　　　　　　　B.内含报酬率

　　C.静态回收期　　　　　　　　　D.现值指数

12. 下列业务中，能够降低企业短期偿债能力的是（　　）。

　　A.一企业采用分期付款方式购置两台大型机械设备

　　B.企业从某国有银行取得10年期2 000万元的贷款

　　C.企业向战略投资者进行定向增发

　　D.企业向股东发放股票股利

13. 已知某项目在折现率为12%时，净现值为30万元，折现率为14%时，净现值为-10万元，则该项目的内含报酬率为（　　）。

　　A.12.67%　　　　B.8.33%　　　　C.13.50%　　　　D.无法计算

14. 下列选项中，不属于利用税收优惠政策进行纳税筹划的方法是（　　）。

　　A.利用免税政策　　B.递延纳税　　C.利用分劈技术　　D.利用退税政策

15. 某企业按"1/20，n/30"的条件购进一批商品。若企业放弃现金折扣，在信用期末付款，则其放弃现金折扣的信用成本率为（　　）。

　　A.36.36%　　　　B.18.18%　　　　C.12%　　　　　D.16.7%

16. 甲公司主要生产甲产品和乙产品，2017年1月发生质量检验成本4 000元，检验总次数为20次，其中甲产品15次，乙产品5次。甲产品和乙产品的产量均为400件。采用作业成本法，则2017年1月甲产品分配的质量检验成本为（　　）元。

　　A.1 000　　　　　B.2 000　　　　　C.3 000　　　　　D.4 000

17. 下列关于债券价值的说法中，不正确的是（　　）。

　　A. 当市场利率高于票面利率时，债券价值高于债券面值

　　B. 债券期限越长，溢价发行债券的价值会越高

　　C. 债券期限越短，票面利率对债券价值的影响越小

　　D. 当票面利率与市场利率一致时，期限长短对债券价值没有影响

18. 在交货期内，如果存货需求量增加或供应商交货时间延迟，就可能发生缺货。为此，企业应保持的最佳保险储备量是（　　）。

　　A. 使保险储备的订货成本与持有成本之和最低的存货量

　　B. 使缺货损失最低的存货量

　　C. 使保险储备的持有成本最低的存货量

　　D. 使缺货损失和保险储备的持有成本之和最低的存货量

19. A公司生产甲产品，本期计划销售量为10 000件，应负担的固定成本总额为300 000元，单位变动成本为60元，适用的消费税税率为10%。根据上述资料，运用保本点定价

法预测的单位甲产品的价格应为（　　）元。
   A. 90   B. 81   C. 110   D. 100

20. 在其他条件相同的情况下，下列各项中，可以加速现金周转的是（　　）。
   A. 减少存货量   B. 减少应付账款
   C. 放宽赊销信用期   D. 利用供应商提供的现金折扣

21. 某公司目前的流动资产为280万元，流动比率为1.4，则营运资金为（　　）万元。
   A. 300   B. 200   C. 80   D. 150

22. 下列关于资本成本作用的说法中，不正确的是（　　）。
   A. 资本成本是比较筹资方式、选择筹资方案的依据
   B. 资本成本是评价投资项目可行性的主要标准
   C. 资本成本是评价企业整体业绩的重要依据
   D. 股权资本成本是衡量资本结构是否合理的重要依据

23. 某股票为固定增长股票，股利年增长率为5%，今年刚分配的股利为8元，无风险收益率为8%，市场上所有股票的平均收益率为18%，该股票的β系数为1.2，则该股票的价值为（　　）元。
   A. 65.53   B. 56.00   C. 55.63   D. 71.86

24. 在标准成本管理中，成本总差异是成本控制的重要内容。其计算公式是（　　）。
   A. 实际产量下实际成本 – 实际产量下标准成本
   B. 实际产量下标准成本 – 预算产量下实际成本
   C. 实际产量下实际成本 – 预算产量下实际成本
   D. 实际产量下实际成本 – 标准产量下标准成本

25. 甲公司应丙公司的要求，于2018年4月7日从乙公司购买了一处位于郊区的厂房，随后长期出租给丙公司。甲公司以自有资金向乙公司支付总价款的25%，同时甲公司以该厂房作为抵押向丁银行借入余下的75%价款。这种租赁方式是（　　）。
   A. 售后回租租赁   B. 直接租赁   C. 杠杆租赁   D. 经营租赁

二、多项选择题（本类题共10小题，每小题2分，共20分。每小题备选答案中，有两个或两个以上符合题意的正确答案。请从每小题的备选答案中选出你认为正确的答案，多选、少选、错选、不选均不得分）

1. 某公司有A.B两个子公司,采用集权与分权相结合型财务管理体制,根据我国企业的实践,公司总部一般应该集权的有（　　）。
   A. 融资权   B. 担保权   C. 经营权   D. 收益分配权

2. 在利率和计息期相同的条件下，下列公式中，正确的有（　　）。
   A. 普通年金终值系数×偿债基金系数 = 1
   B. 普通年金现值系数 = (1 – 复利现值系数)/i
   C. 复利终值系数×复利现值系数 = 1
   D. 普通年金终值系数×普通年金现值系数 = 1

3. 企业预算最主要的两大特征为（　　）。
   A. 表格化 B. 数量化
   C. 可伸缩性 D. 可执行性

4. 下列关于留存收益筹资的表述中，正确的有（　　）。
   A. 留存收益筹资可以维持公司的控制权结构
   B. 留存收益筹资不会发生筹资费用，因此没有资本成本
   C. 留存收益来源于提取的盈余公积金和企业的未分配利润
   D. 留存收益筹资有企业的主动选择，也有法律的强制要求

5. 下列关于经营杠杆系数的表述中，不正确的有（　　）。
   A. 降低经营杠杆系数的措施有增加销售额、降低单位变动成本和固定性经营成本等
   B. 经营杠杆是资产报酬不确定的根源
   C. 预测期经营杠杆系数等于基期息税前利润与基期固定性经营成本之和除以基期息税前利润
   D. 固定性经营成本不变，息税前利润大于 0 时，销售额越大，经营杠杆系数就越大，经营风险就越小

6. 下列各项中，属于间接投资的有（　　）。
   A. 股票投资 B. 债券投资
   C. 流动资产投资 D. 固定资产投资

7. 下列有关流动负债利弊的说法中，正确的是（　　）。
   A. 流动负债需要持续地重新谈判或滚动安排负债
   B. 短期借款一般比长期借款具有更少的约束性条款
   C. 使用短期贷款为永久性流动资产融资是有利的，风险较小
   D. 流动负债的主要经营优势之一是容易获得

8. A 企业本月生产产品 1 000 件，使用材料 7 500 千克，材料单价为 0.55 元/千克；直接材料的单位产品标准成本为 3 元，每千克材料的标准价格为 0.5 元。实际使用工时 2 670 小时，支付工资 13 617 元；直接人工的标准成本是 10 元/件；每件产品标准工时为 2 小时。则下列结论中正确的有（　　）。
   A. 直接材料成本差异为 1 125 元
   B. 直接材料价格差异为 375 元
   C. 直接人工效率差异为 3 350 元
   D. 直接人工工资率差异为 240 元

9. 下列关于企业产品价格运用策略的说法中，正确的有（　　）。
   A. 名牌产品的价格相对较高，这是厂家利用了心理定价策略
   B. 在寿命周期的成熟期，由于竞争日趋激烈，企业应该采用低价促销
   C. 折让定价策略是指在一定条件下，以降低产品的销售价格来刺激购买者，从而达到扩大产品销售量的目的
   D. 组合定价策略有利于企业整体效益的提高

10. 下列各项中，在其他因素不变的情况下，不可以减少总资产周转率的有（　　）。

A. 用银行存款购置固定资产

B. 平均应收账款余额增加

C. 现金多余时将其购买有价证券

D. 销售收入减少

三、判断题（本类题共 10 小题，每小题 1 分，共 10 分。请判断每小题的表述是否正确，每小题判断正确的得 1 分，答错误的扣 0.5 分，不答题的不得分也不扣分，本类题最低得分为零）

1. 同业拆借市场、票据市场、大额定期存单市场属于资本市场。（　　）

2. 从财务管理的角度看，风险就是企业在各项财务活动过程中，由于各种难以预料或无法控制的因素作用，使企业的实际收益与预计收益发生背离，从而蒙受经济损失的可能性。（　　）

3. 全面预算是各项业务预算和财务预算的整体计划，故又称为总预算。（　　）

4. 因为公司债务必须付息，而普通股不一定支付股利，所以普通股资本成本小于债务资本成本。（　　）

5. 在存在优先股的情况下，税前利润大于 0 时，只要有利息，财务杠杆系数就会大于 1。（　　）

6. 从选定经济效益最大的要求出发，互斥决策以方案的获利数额作为评价标准。净现值法是互斥方案最为恰当的决策方法。（　　）

7. 暗保理是指保理商和供应商需要将销售合同被转让的情况通知购货商，并签订保理商、供应商和购货商之间的三方合同。（　　）

8. 在产品成本构成中，间接成本占产品成本的比重越低，越能反映出实施作业成本法比传统成本计算法的优越性。（　　）

9. 股利无关论认为，在完全理想的资本市场中，股利政策不会对公司的价值或股票的价格产生任何影响，投资者不关心公司股利的分配。（　　）

10. 2017 年 A 公司实现净利润 100 万元，销售收入为 1 000 万元，平均股东权益总额为 600 万元，预计 2018 年净利润增长 5%，其他因素不变，则该公司 2018 年净资产收益率为 18.5%。（　　）

四、计算题（本类题共 4 小题，每小题 5 分，共 20 分。凡要求计算的项目，除题目中有特殊要求，均须列出计算过程；计算结果有计量单位的，应予标明，标明的计量单位应与题中所给计量单位相同；计算结果出现小数的，均保留小数点后两位数字，百分比指标保留百分号前两位小数。凡要求解释、分析、说明理由的内容，必须有相应的文字阐述）

1. 假设 A 股票收益率的概率分布情况如下：

收益率	20%	15%	-5%
概率	0.4	0.2	0.4

B 股票的预期收益率为 14%，标准差为 16%，若 A、B 股票投资的价值比例为 3∶2。

要求：

（1）计算 A 股票的预期收益率和方差；

（2）计算 AB 股票组合的预期收益率；

（3）如果两种股票的相关系数是 0.5，计算该组合预期收益率的标准差；

（4）如果两种股票的相关系数是 1，计算该组合预期收益率的标准差。

2. 甲公司目前有两个投资项目 A 和 B，有关资料如下：

（1）A 项目的原始投资额现值为 300 万元，投资期为 2 年，投产后第一年的营业收入为 150 万元，付现成本为 60 万元，非付现成本为 40 万元。投产后项目可以运营 8 年，每年的现金净流量都与投产后第一年相等。A 项目的内含报酬率为 11%。

（2）B 项目的原始投资额现值为 380 万元，投资期为 0 年，投产后第一年的营业利润为 70 万元，折旧为 20 万元，摊销为 10 万元。投产后项目可以运营 8 年，每年的现金净流量都与投产后第一年相等。

两个项目的折现率均为 10%，所得税税率为 25%。

要求：

（1）计算两个项目各自的净现值；

（2）计算 B 项目的内含报酬率；

（3）计算两个项目的年金净流量；

（4）如果 A 项目和 B 项目是彼此独立的，回答应该优先选择哪个项目，并说明理由；

（5）如果 A 项目和 B 项目是互斥的，回答应该选择哪个项目，并说明理由。

3. 甲公司为某集团的一个投资中心，Z 是甲公司下设的一个利润中心，相关资料如下：

资料一：2017 年 Z 利润中心的营业收入为 120 万元，变动成本为 75 万元，该利润中心负责人可控固定成本为 12 万元，不可控但应由该利润中心负担的固定成本为 10 万元。

资料二：甲公司 2018 年初已投资 600 万元，预计可实现利润 85 万元，现有一个投资额为 300 万元的投资机会，预计可获利润 36 万元，该集团要求的最低报酬率为 10%。

要求：

（1）根据资料一，计算 Z 利润中心 2017 年度部门边际贡献；

（2）根据资料二，计算甲公司接受新投资机会前的投资报酬率和剩余收益；

（3）根据资料二，计算甲公司接受新投资机会后的投资报酬率和剩余收益；

（4）根据（2）、（3）的计算结果从集团整体利益的角度，分析甲公司是否应接受新投资机会，并说明理由。

4. ABC 公司 2018 年度设定的每季末预算现金余额的额定范围为 50 万~60 万元，其中，年末余额已预定为 60 万元。假定当前与银行约定的单笔短期借款必须为 10 万元的整数倍，年利息率为 6%，借款发生在相关季度的期初，每季末计算并支付借款利息，还款发生在相关季度的期末。2018 年该公司无其他融资计划。

ABC 公司编制的 2018 年度现金预算的部分数据如下表所示：

2018 年度 ABC 公司现金预算　　　　　　　　　　　金额单位：万元

项目	第一季度	第二季度	第三季度	第四季度	全年
①期初现金余额	40	*	*	*	(G)
②经营现金收入	1 010	*	*	*	5 536.6
③可供支配的现金合计	*	1 396.30	1 549	*	(H)
④经营现金支出	800	*	*	1 302	4 353.7
⑤购买设备支出	*	300	400	300	1 200
⑥现金支出合计	1 000	1 365	*	1 602	5 553.7
⑦现金余缺	(A)	31.3	-37.7	132.3	*
加：短期借款	0	(C)	0	-20	*
减：支付短期借款利息	0	(D)	0.3	0.3	*
购买有价证券	0	0	-90	(F)	*
⑧期末现金余额	(B)	(E)	*	60	(I)

说明：表中用"*"表示省略的数据。

要求：计算上表中用字母"A~I"表示的项目数值（除"G"和"I"项外，其余各项必须列出计算过程）。

五、综合题（本类题共两小题，第 1 小题 10 分，第 2 小题 15 分，共 25 分。凡要求计算的项目，均须列出计算过程；计算结果有计量单位的，应予标明，标明的计量单位应与题中所给计量单位相同；计算结果出现小数的，均保留小数点后两位小数，百分比指标保留百分号前两位小数。凡要求解释、分析、说明理由的内容，必须有相应的文字阐述）

1. 资料一：A 企业过去 5 年的有关资料如下。

年份	销售量（万件）	资金占用额（万元）
1	7.2	244
2	7	246
3	7.5	250
4	8	260
5	10	300

资料二：A 企业去年（即表中第 5 年）产品单位售价为 100 元，变动成本率为 65%，固定经营成本总额为 150 万元，利息费用为 50 万元。

资料三：A 企业今年预计产品的单位售价、单位变动成本、固定经营成本总额和利息费用不变，所得税税率为 25%（与去年一致），预计销售量将增加 45%，股利支付率为 90%。

资料四：目前的资本结构为债务资本占 40%，权益资本占 60%，300 万元的资金由长期借款和权益资金组成，长期借款的资本成本为 3.5%。

资料五：如果需要外部筹资，则发行股票，A 股票的 β 系数为 1.6，按照资本资产定价模型计算权益资本成本，市场平均报酬率为 14%，无风险报酬率为 2%。

要求：

（1）计算该企业今年息税前利润、净利润以及 DOL、DFL、DTL；

（2）计算今年的息税前利润变动率；

(3) 采用高低点法预测今年的资金占用量;
(4) 预测今年需要的外部筹资额;
(5) 计算 A 企业的权益资本成本;
(6) 计算今年末的平均资本成本。

2. 东方公司有关资料如下:

资料一:今年年初股东权益总额为 1 200 万元,年末股东权益总额为 1 680 万元。今年年初、年末的权益乘数分别是 2.5 和 2.2。

资料二:今年利润总额为 400 万元,所得税为 100 万元,普通股现金股利总额为 84 万元,普通股的加权平均数为 200 万股,所有的普通股均发行在外,无优先股。

资料三:今年年末普通股股数为 210 万股,按照年末每股市价计算的市盈率为 10。

资料四:公司去年发行了面值总额为 100 万元的可转换公司债券(期限为五年),发行总额为 120 万元,每张债券面值为 1 000 元,转换比率为 80(今年没有转股),债券利率为 4%,所得税税率为 25%。

资料五:公司今年的总资产周转率为 1.5 次,去年的营业净利率为 4%,总资产周转率为 1.2 次,权益乘数(按平均数计算)为 2.5。

要求:

(1) 计算今年年初、年末的资产总额和负债总额;
(2) 计算今年年末的每股净资产;
(3) 计算今年的基本每股收益和每股股利;
(4) 计算今年年末普通股每股市价;
(5) 计算可转换债券的年利息、可转换债券可以转换的普通股股数;
(6) 计算今年的权益乘数(按平均数计算)。

答案解析

线上诊断